This Book Belongs To:

_ _ _ _ _ _ _ _

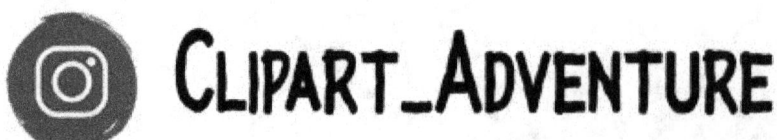

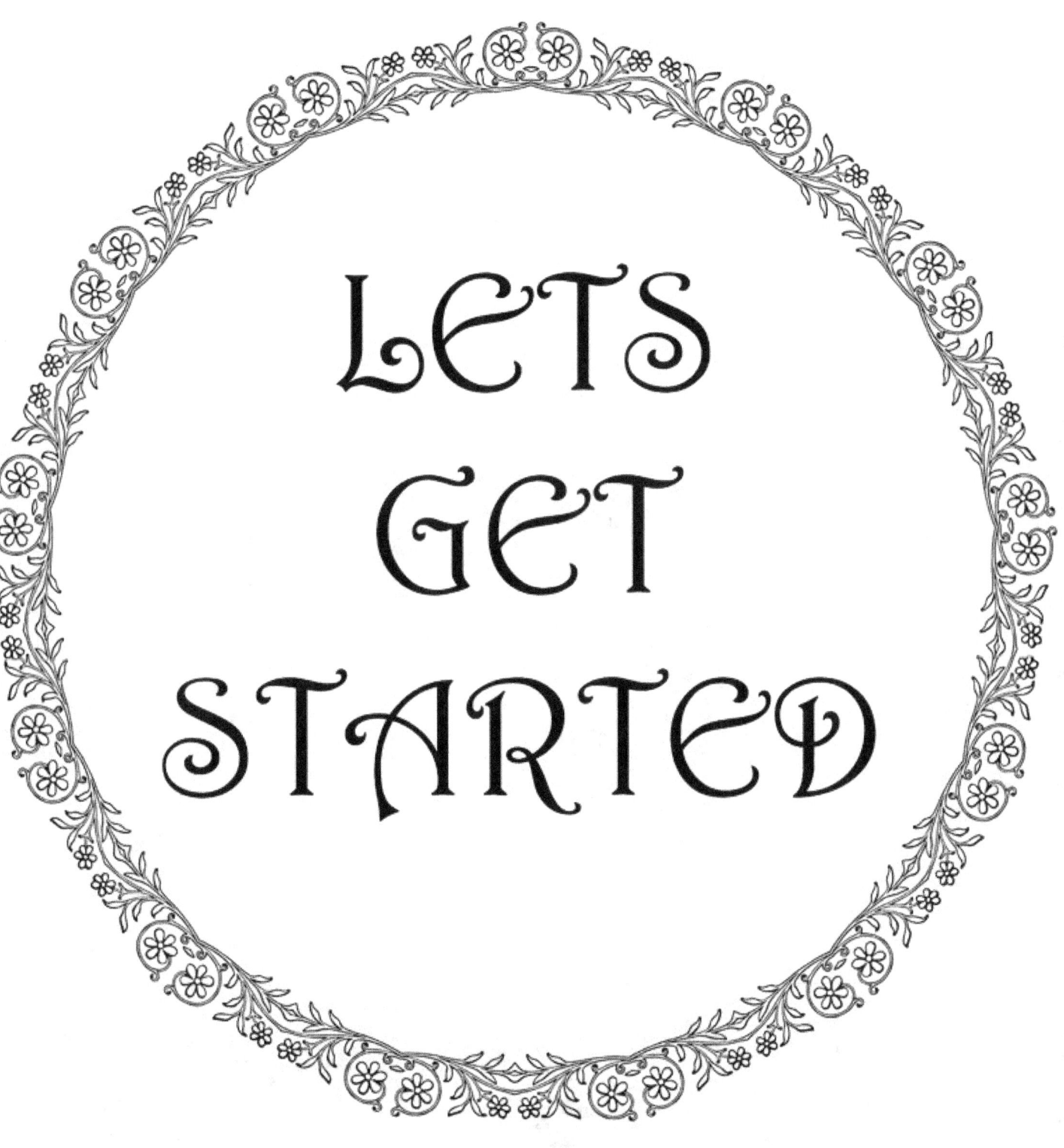

Learn Step By Step

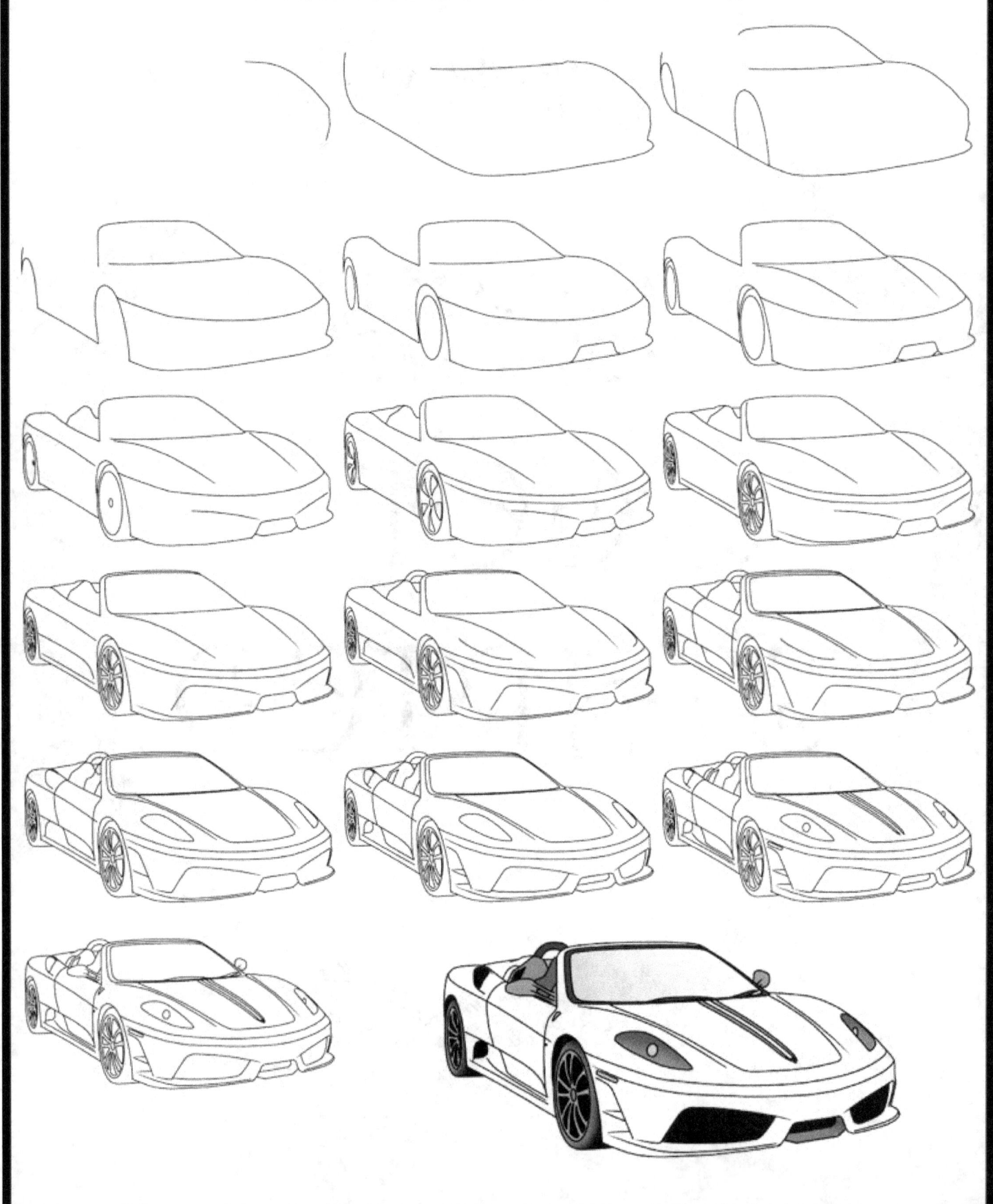

Your Turn Now!

Learn Step By Step

Your Turn Now!

Learn Step By Step

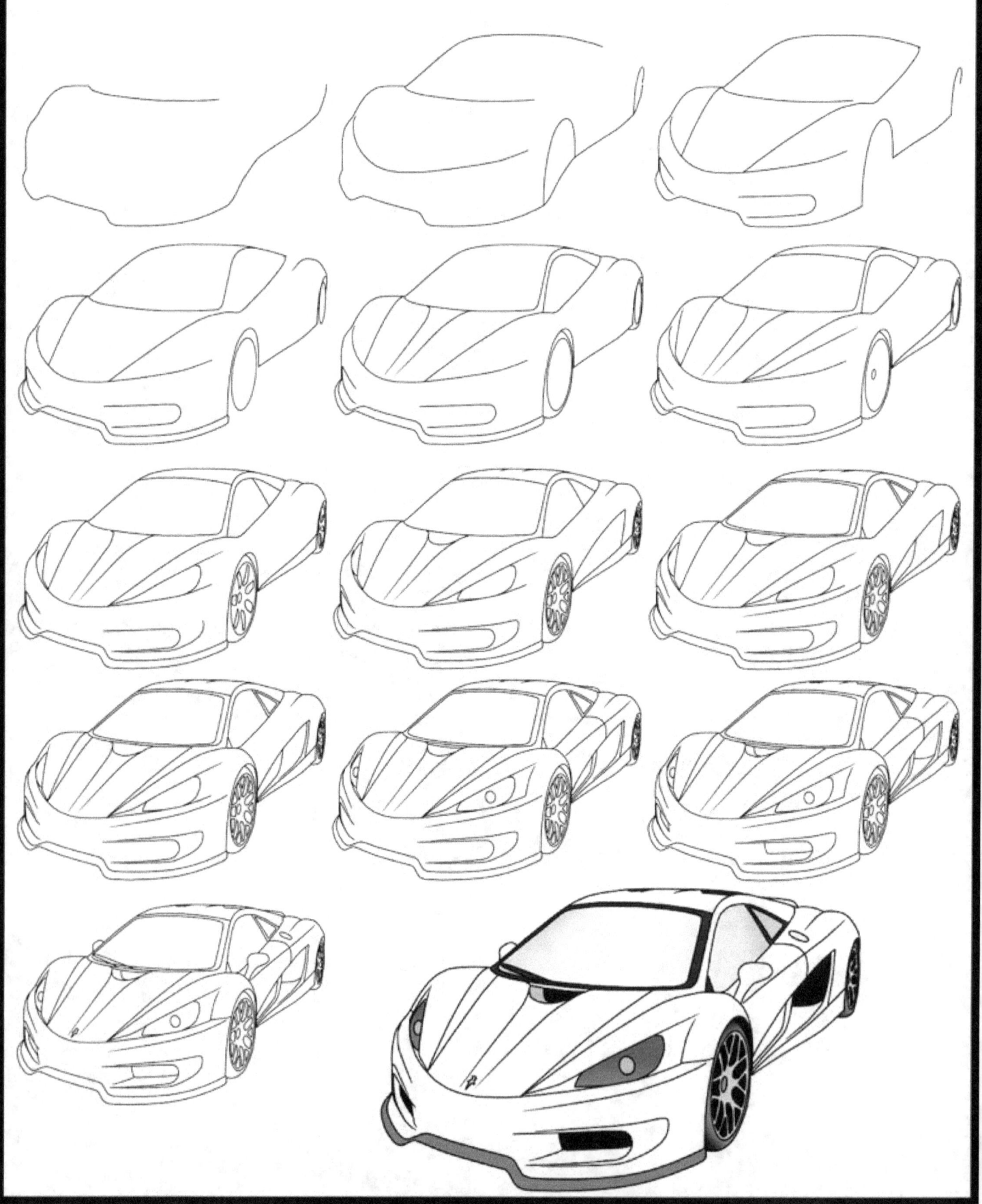

Your Turn Now!

Learn Step By Step

Your Turn Now!

Learn Step By Step

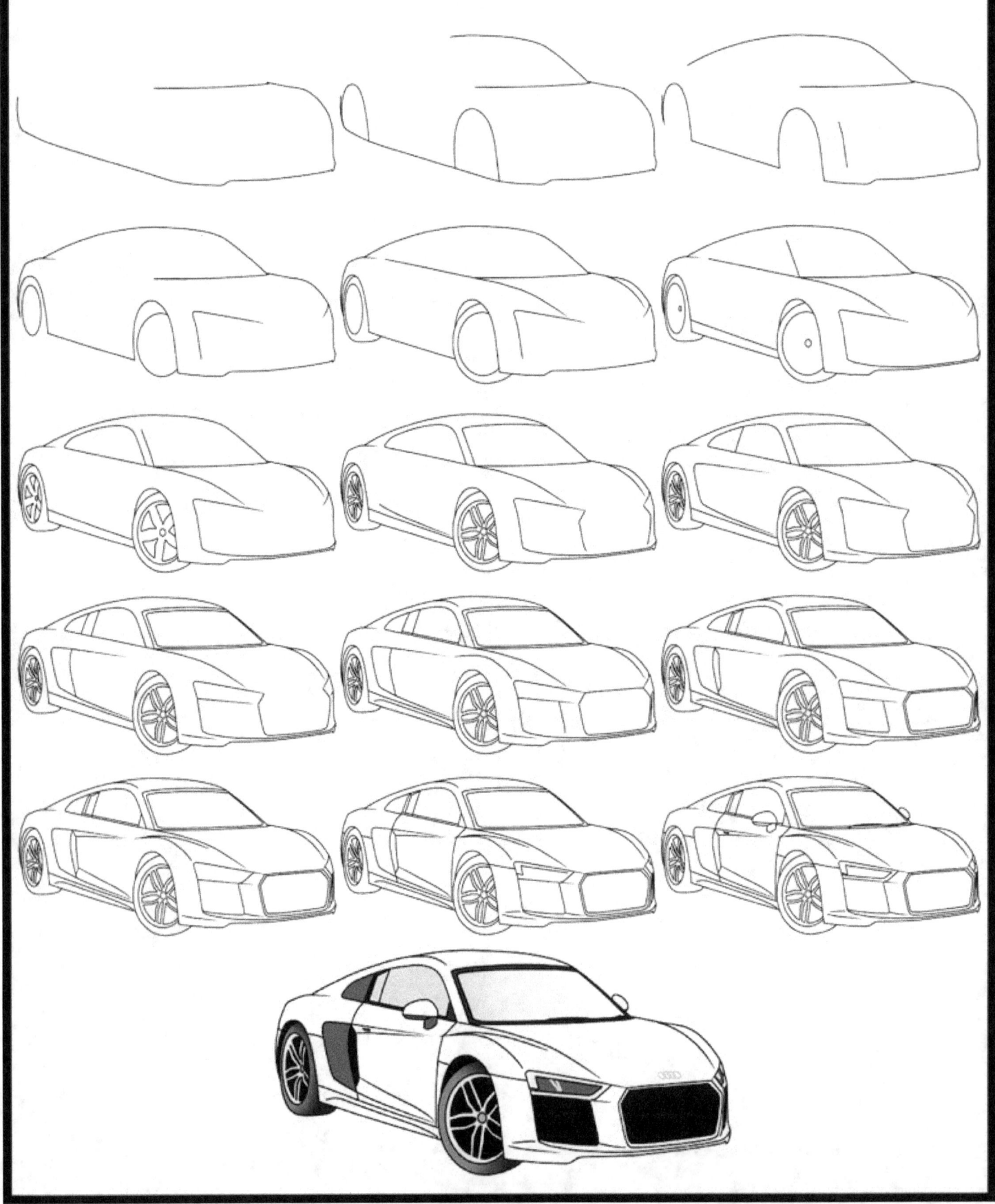

Your Turn Now!

Learn Step By Step

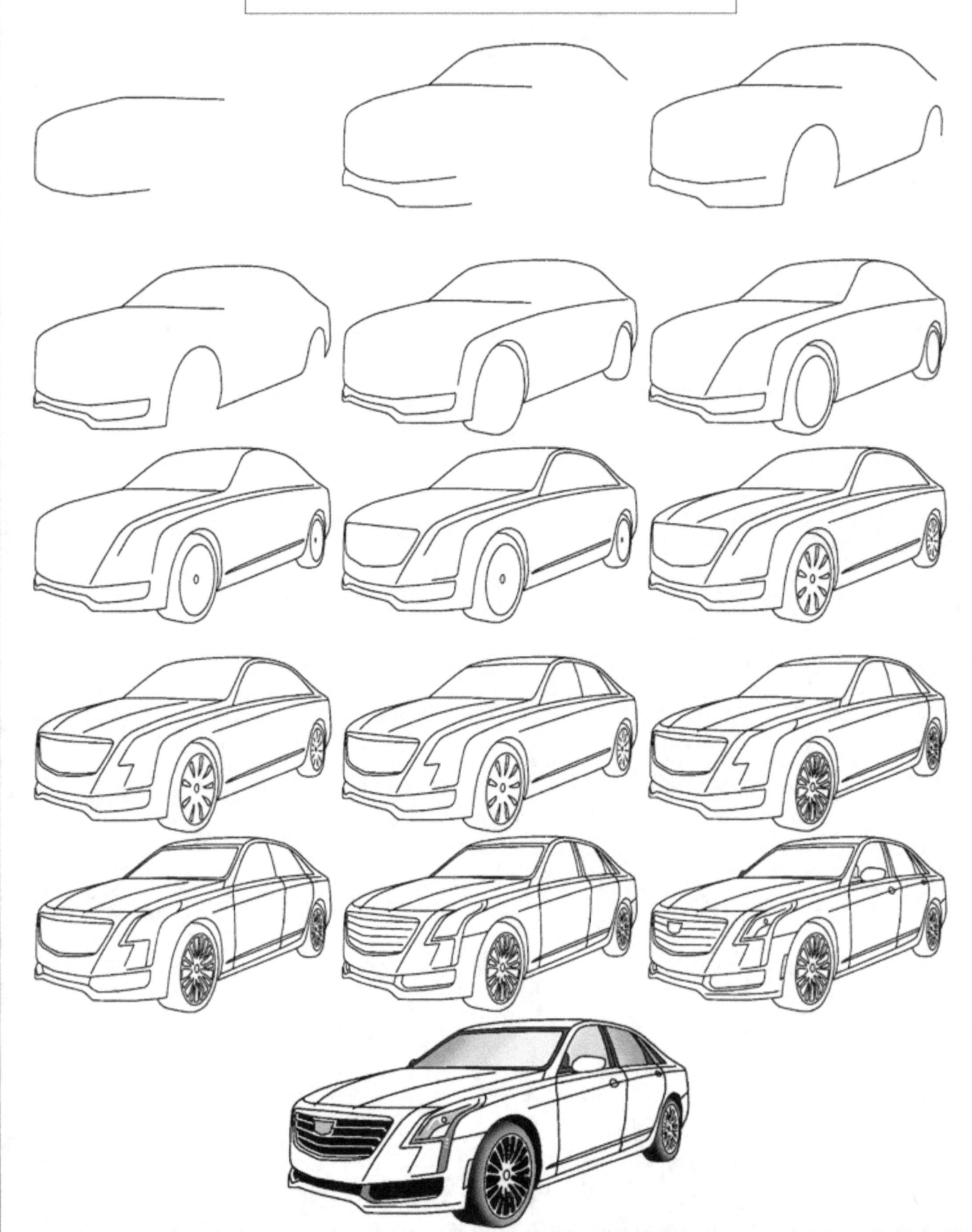

Your Turn Now!

Learn Step By Step

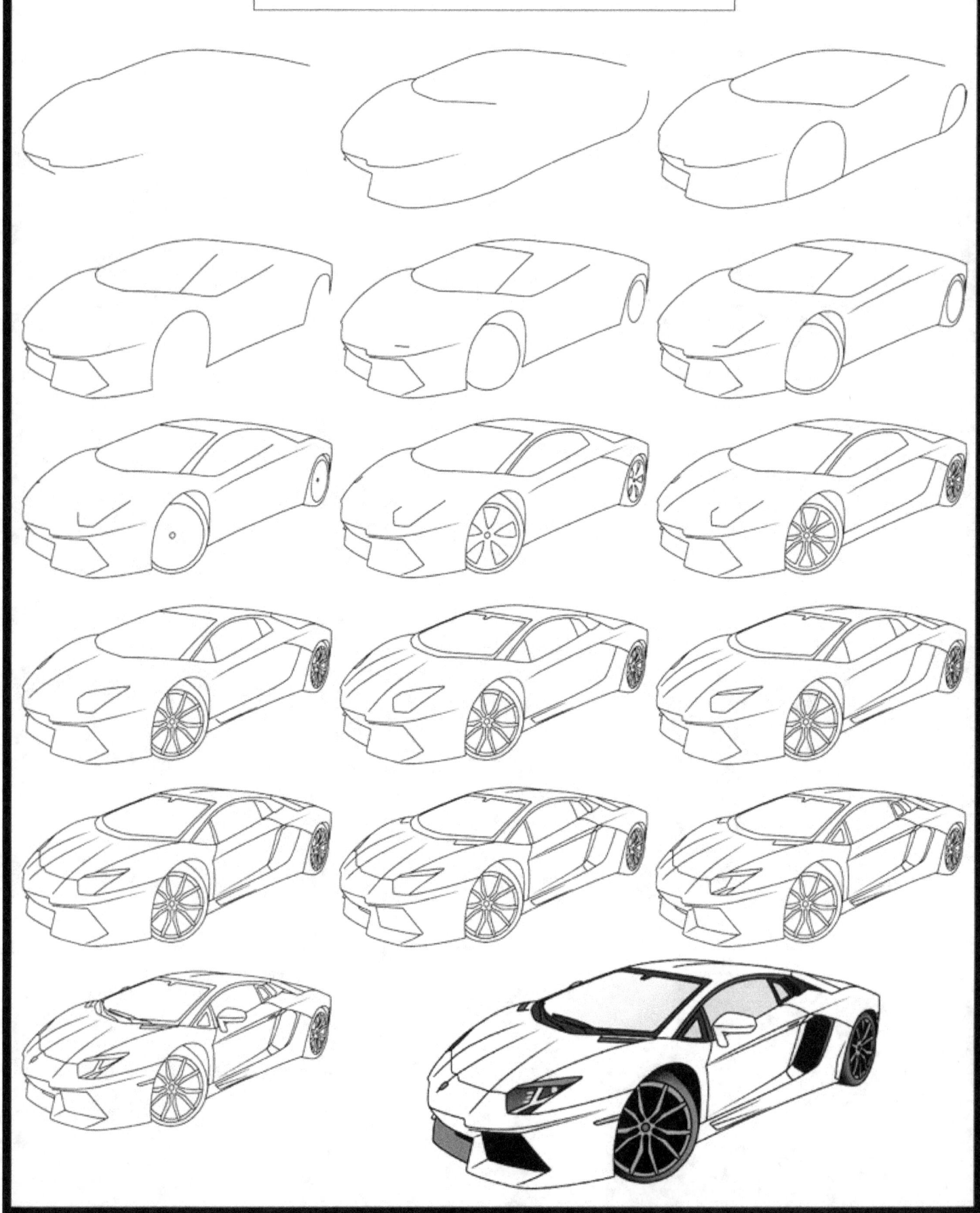

Your Turn Now!

Learn Step By Step

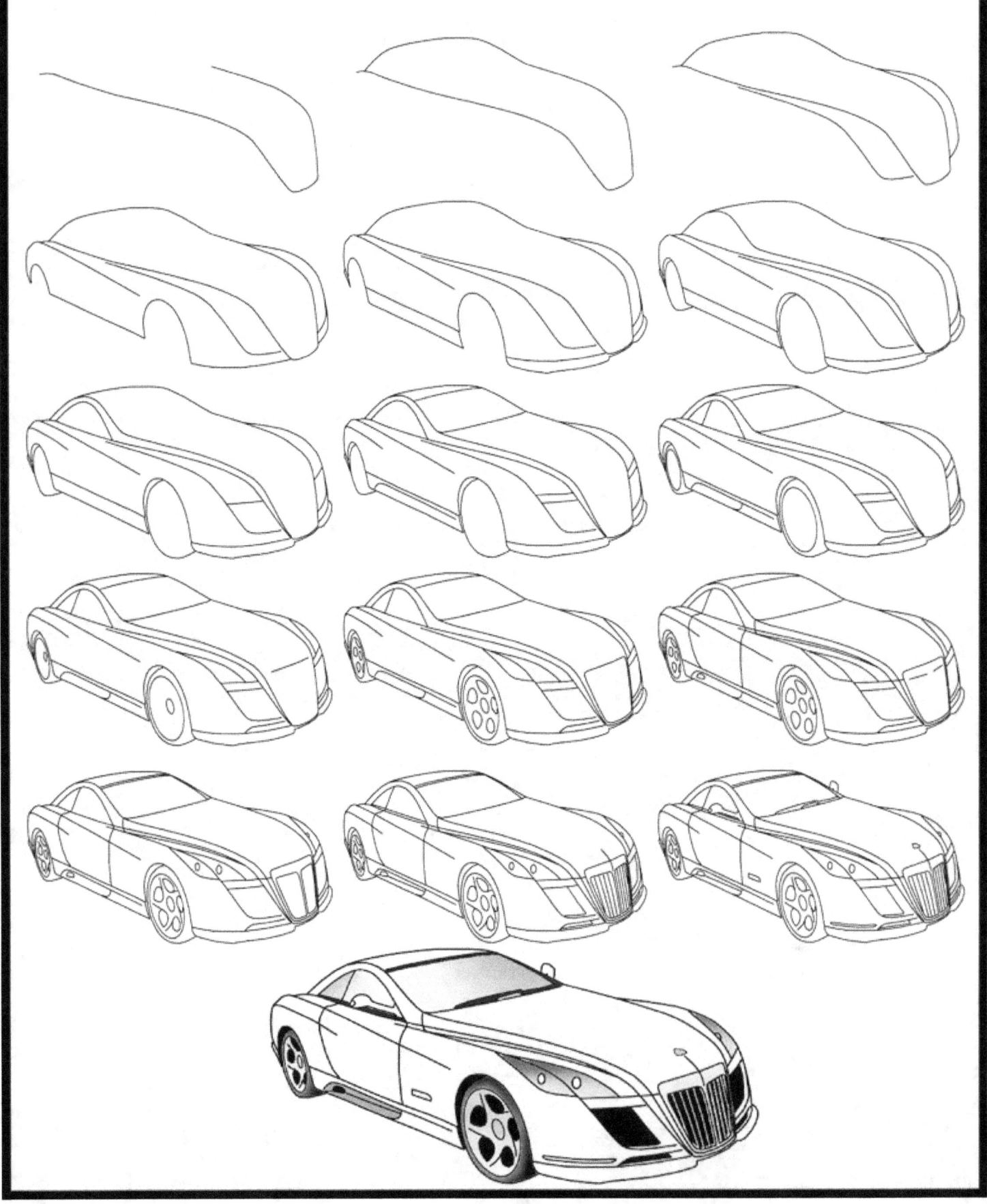

Your Turn Now!

Learn Step By Step

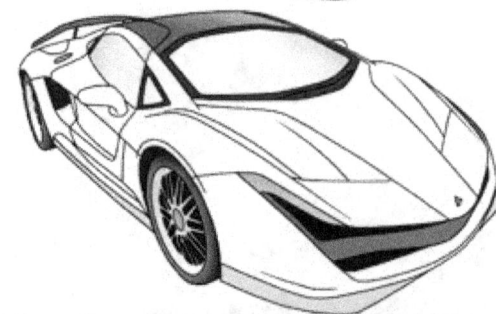

Your Turn Now!

Learn Step By Step

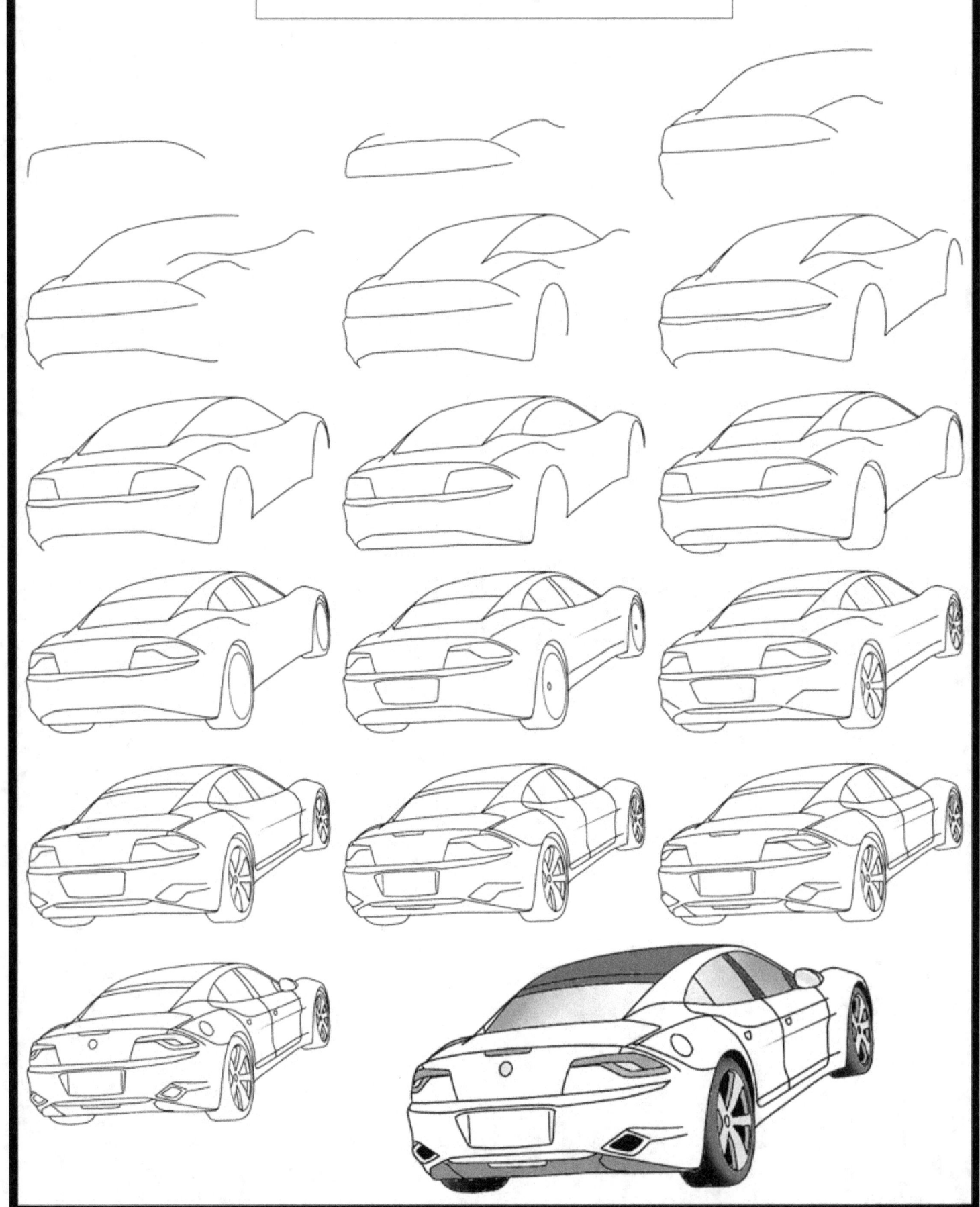

Your Turn Now!

Learn Step By Step

Your Turn Now!

Learn Step By Step

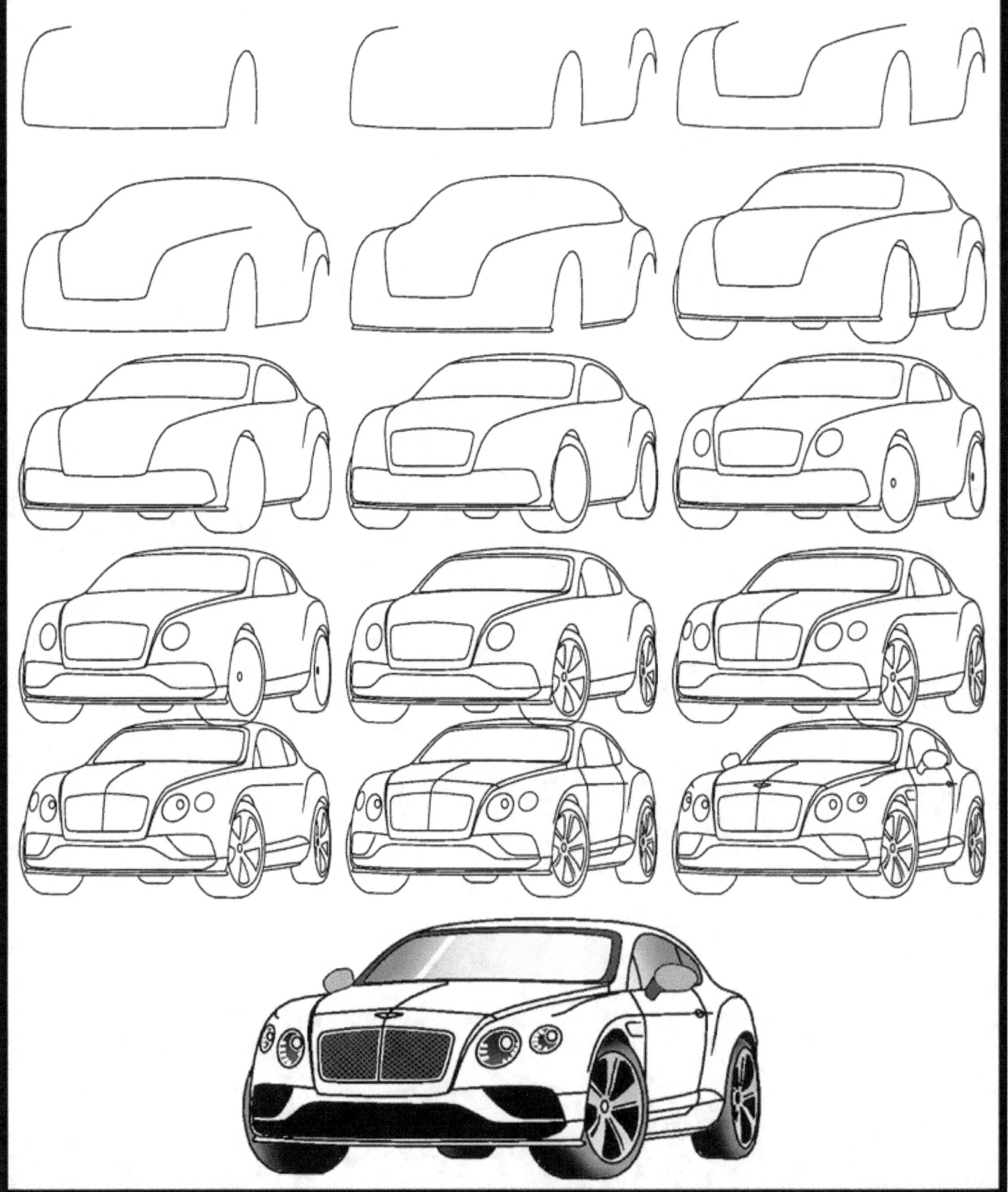

Your Turn Now!

Learn Step By Step

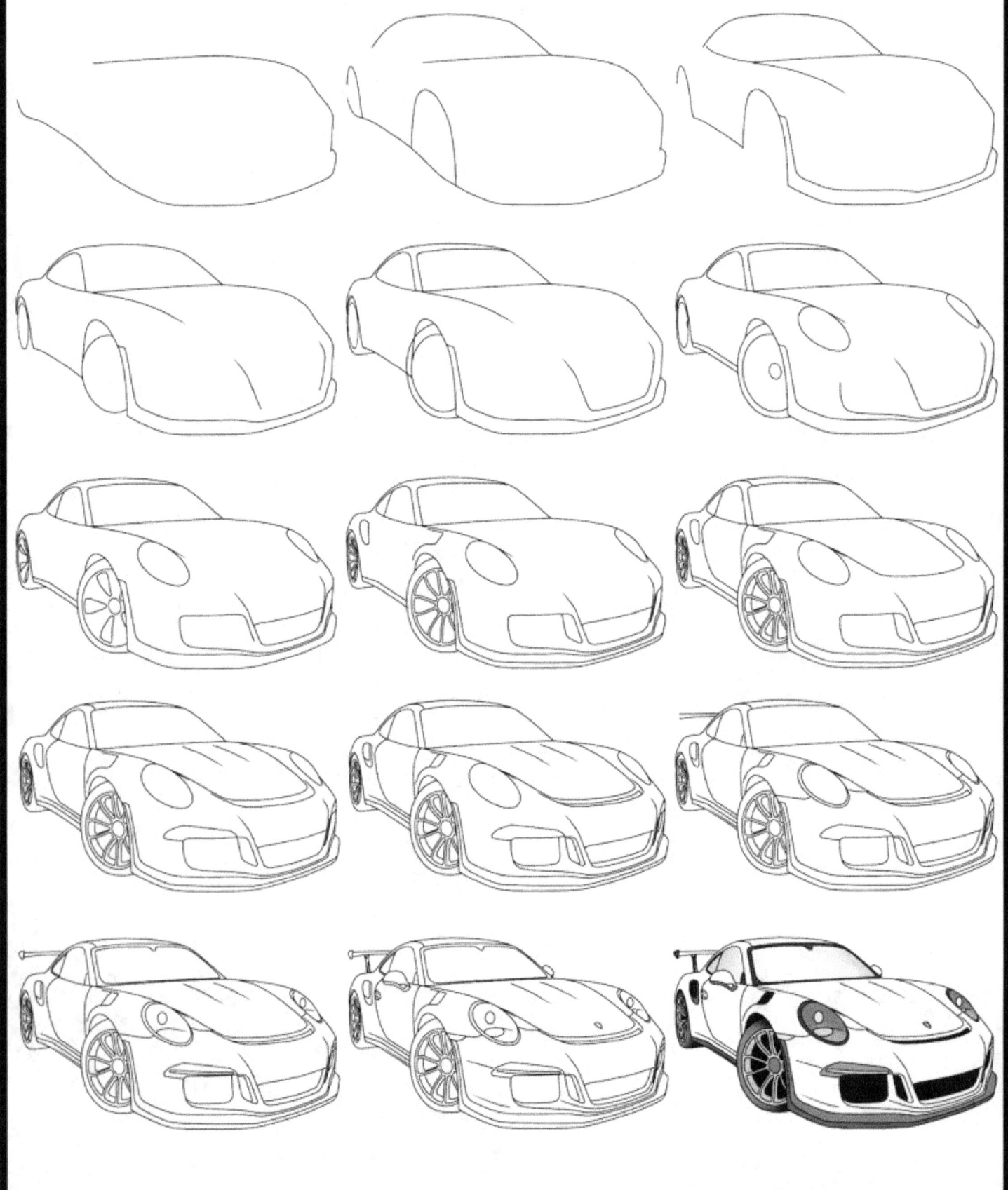

Your Turn Now!

Learn Step By Step

Your Turn Now!

Learn Step By Step

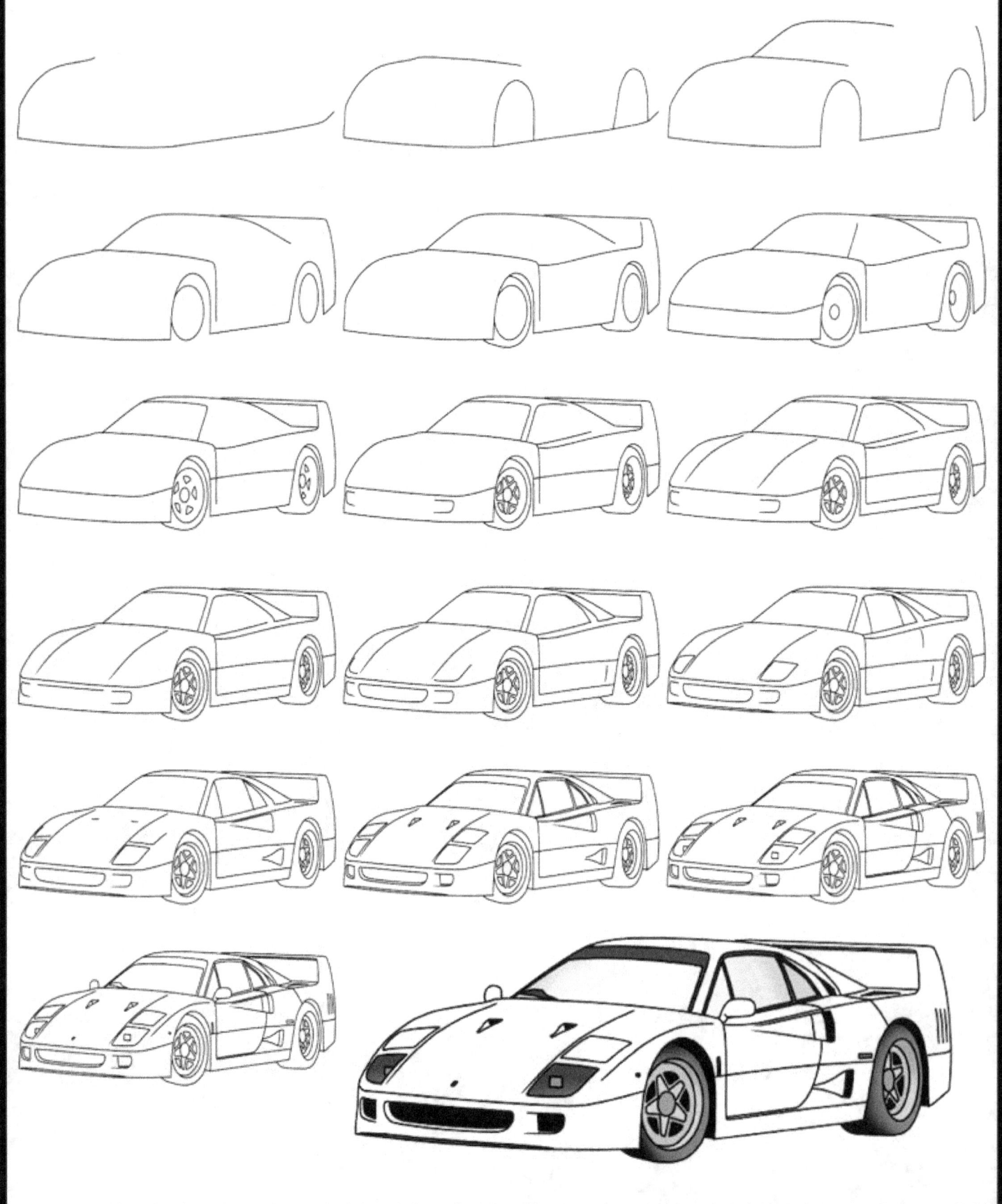

Your Turn Now!

Learn Step By Step

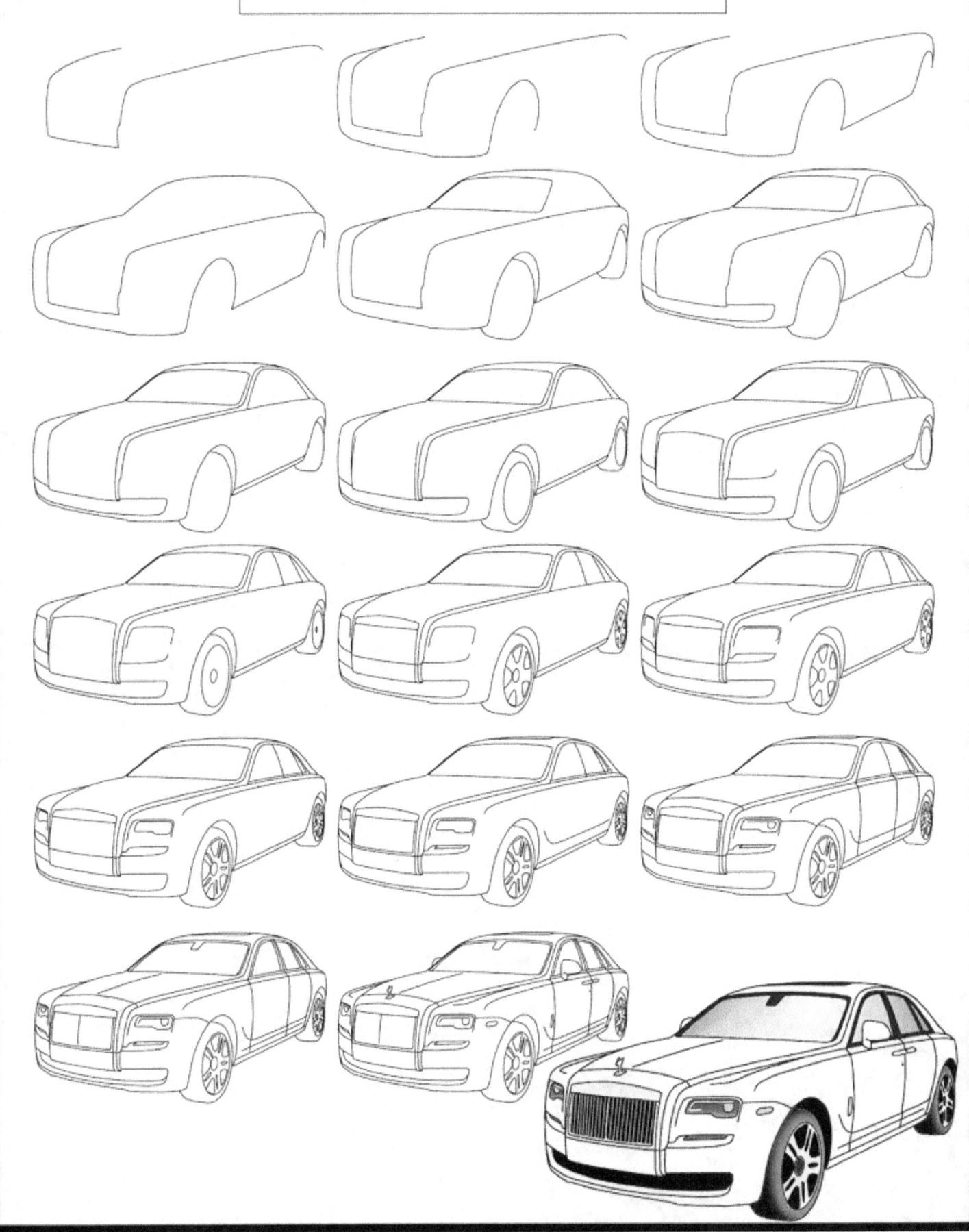

Your Turn Now!

Learn Step By Step

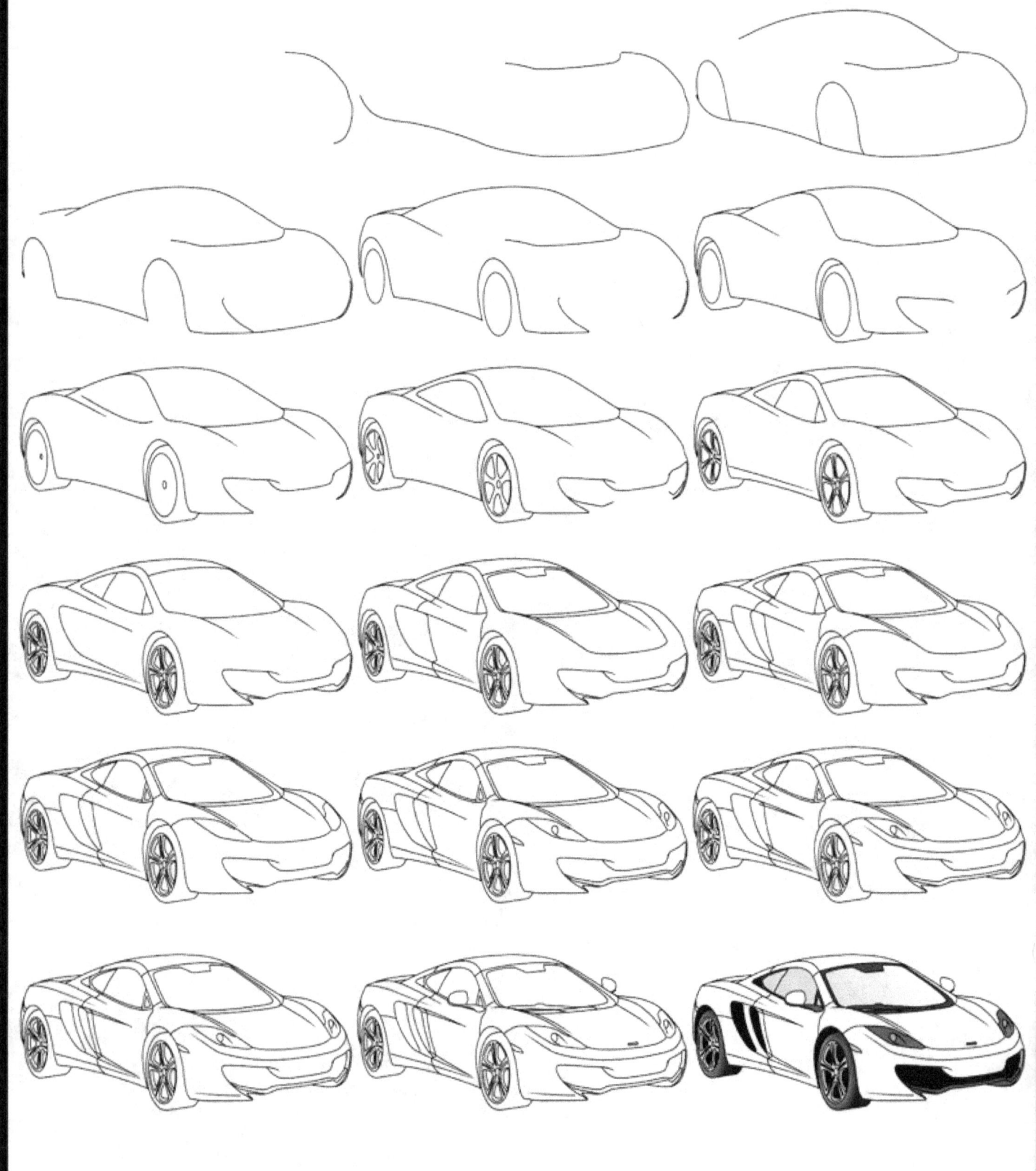

Your Turn Now!

Learn Step By Step

Your Turn Now!

Learn Step By Step

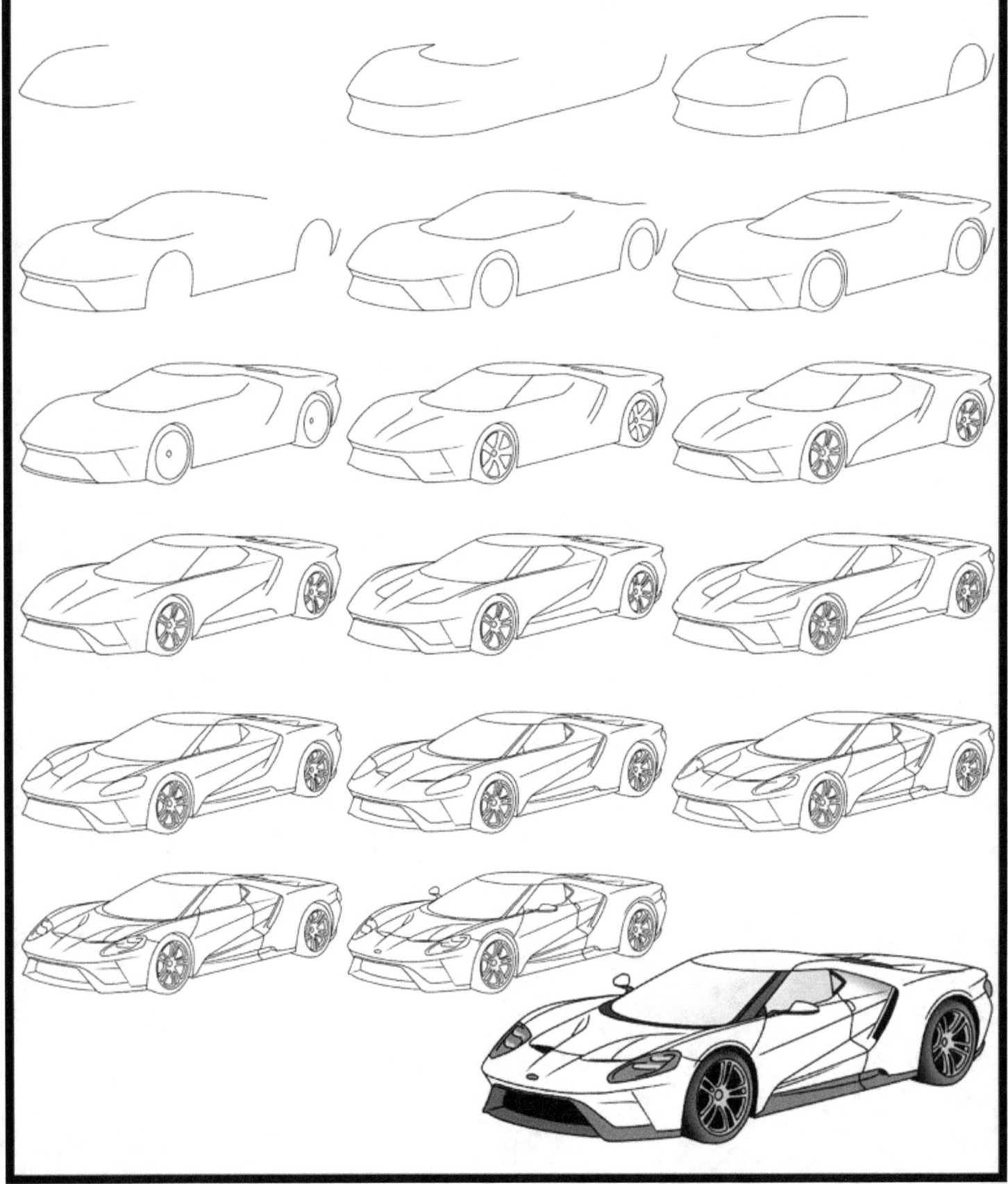

Your Turn Now!

Learn Step By Step

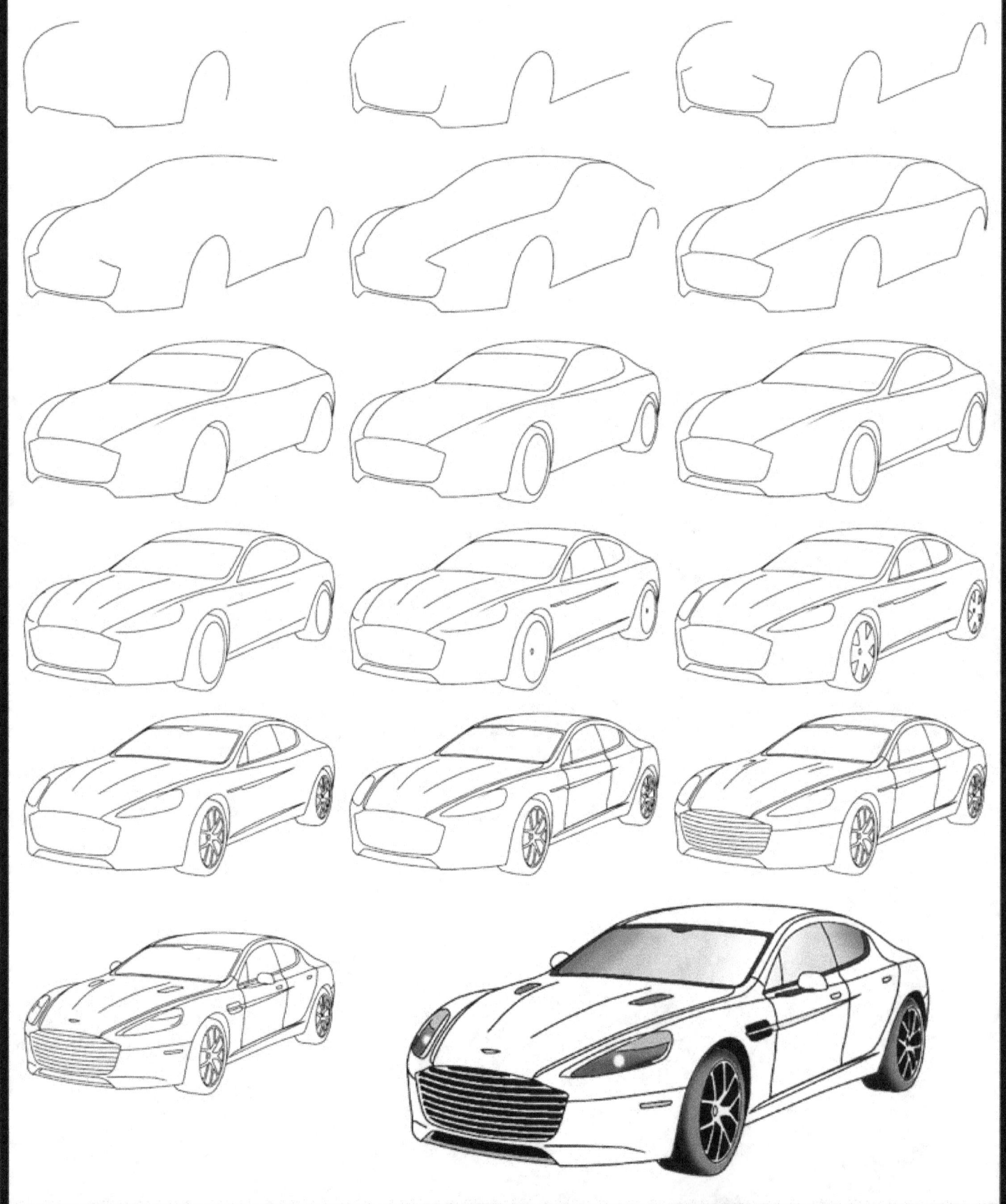

Your Turn Now!

Learn Step By Step

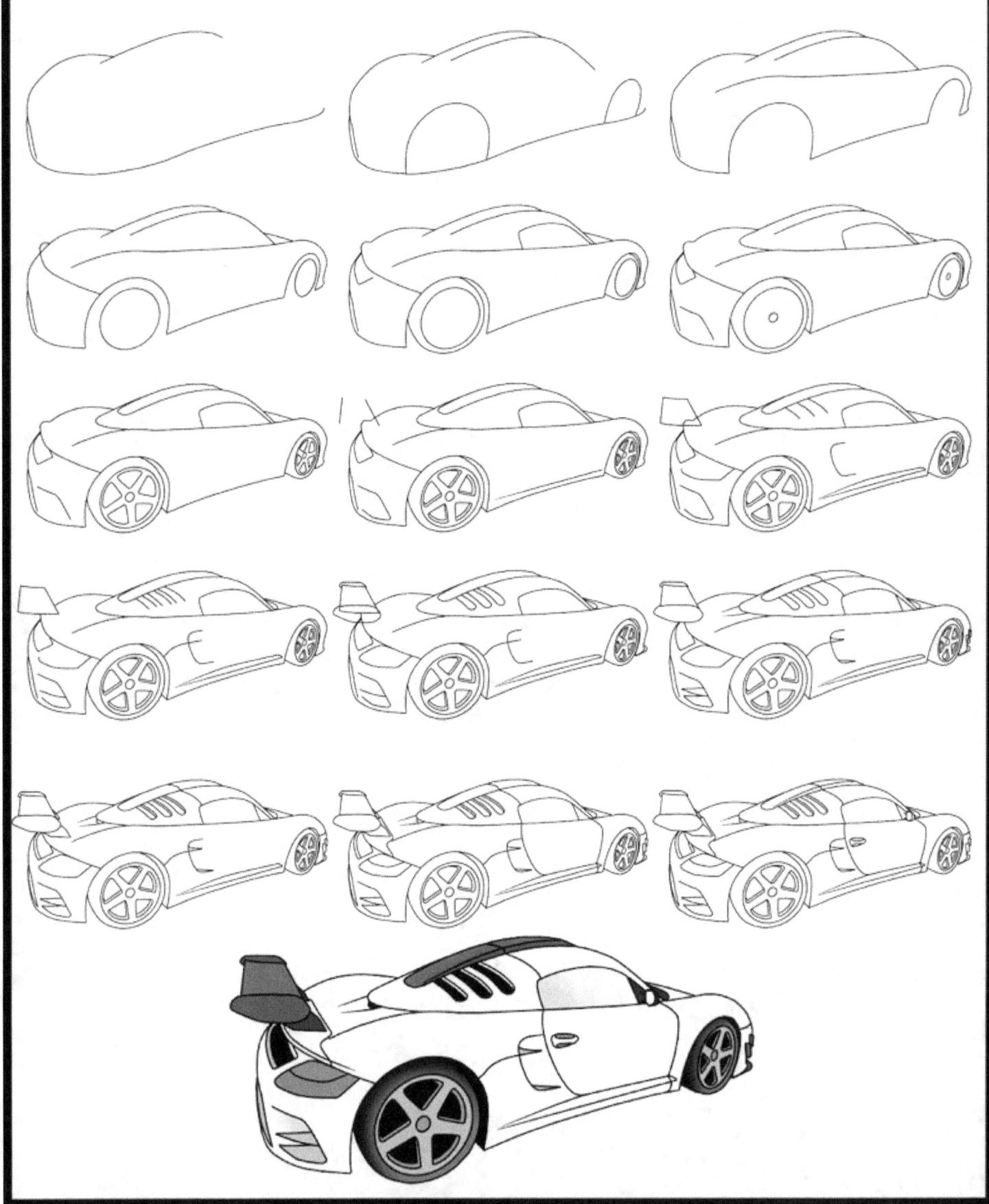

Your Turn Now!

Learn Step By Step

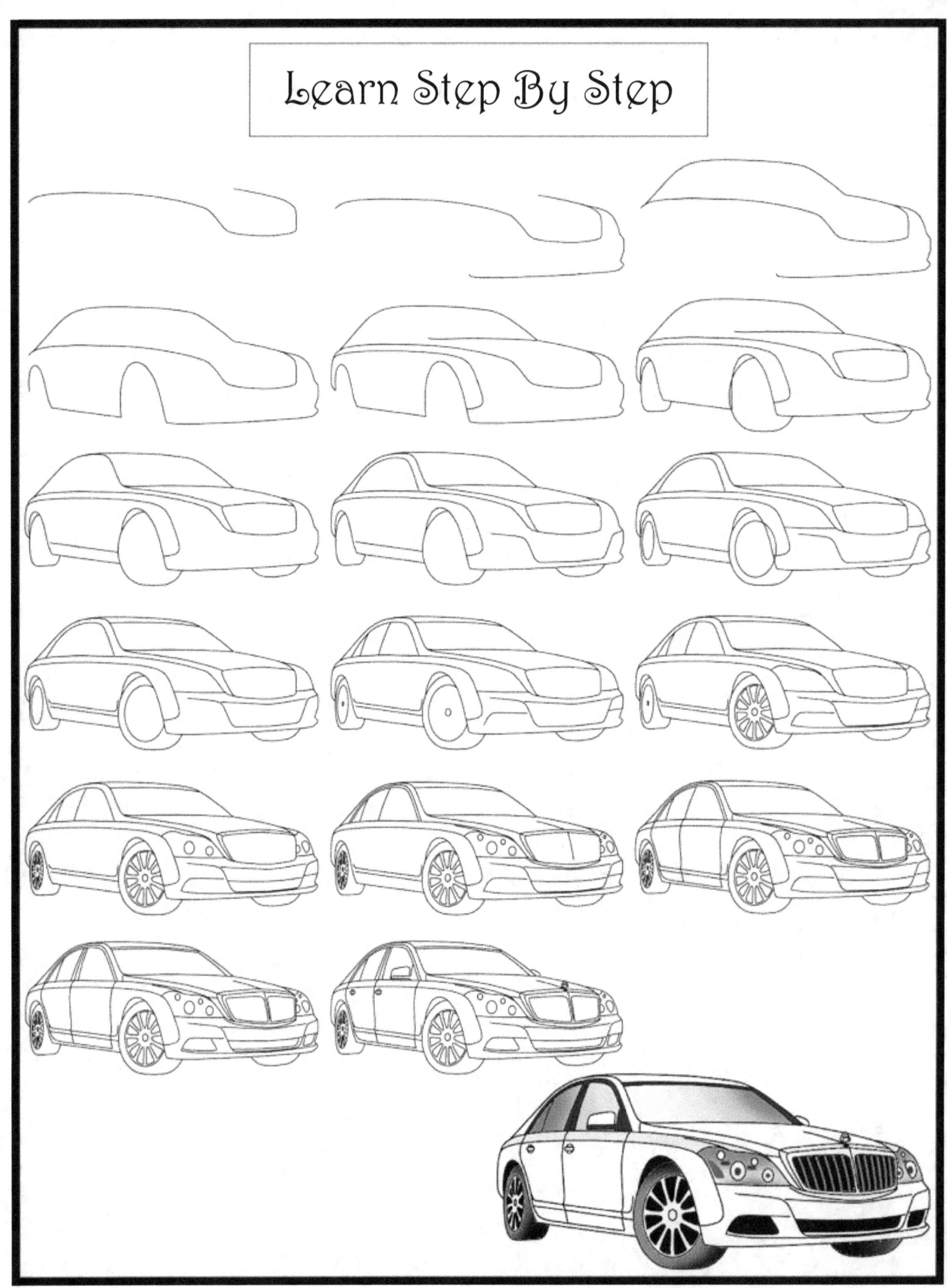

Your Turn Now!

Learn Step By Step

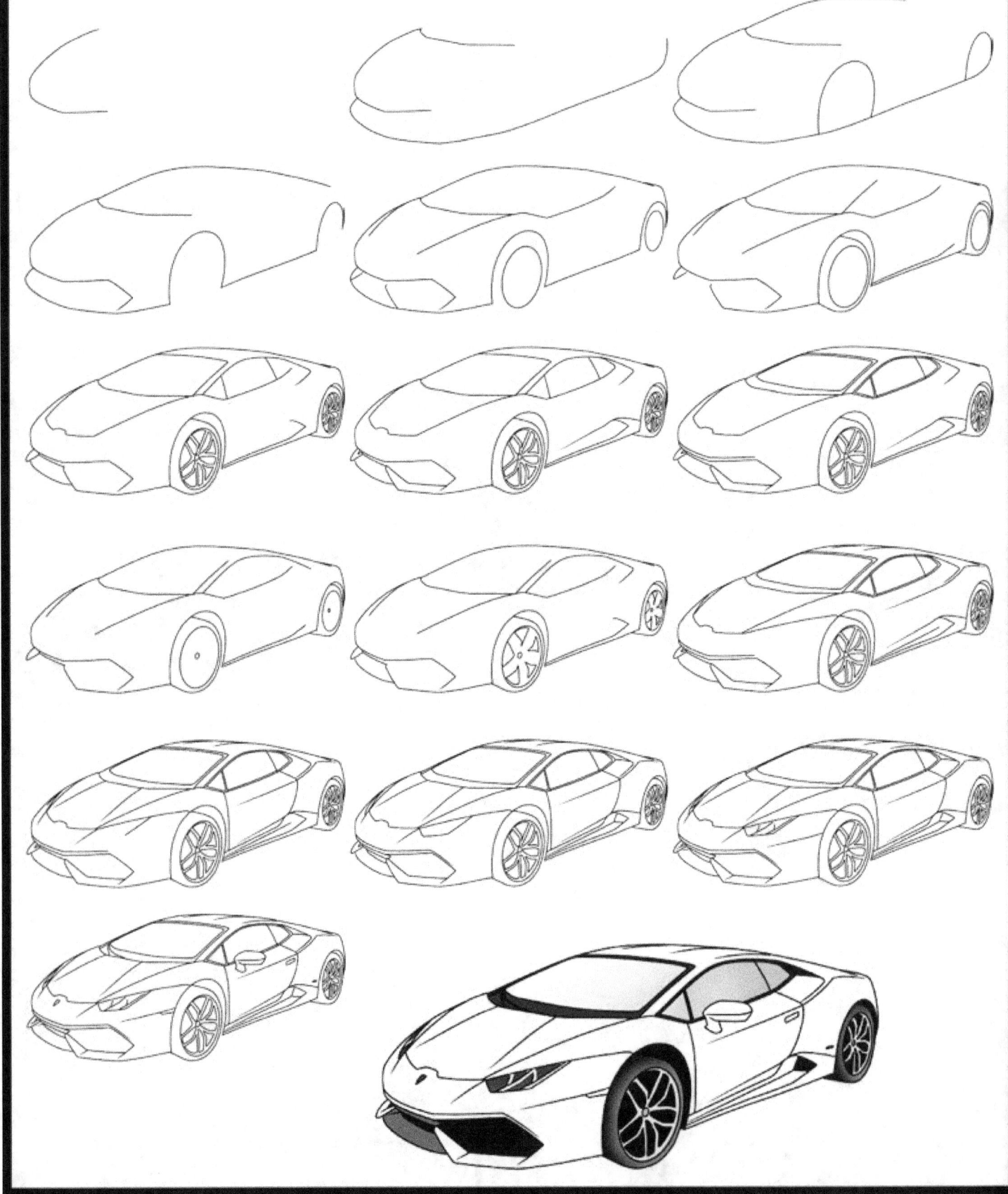

Your Turn Now!

Learn Step By Step

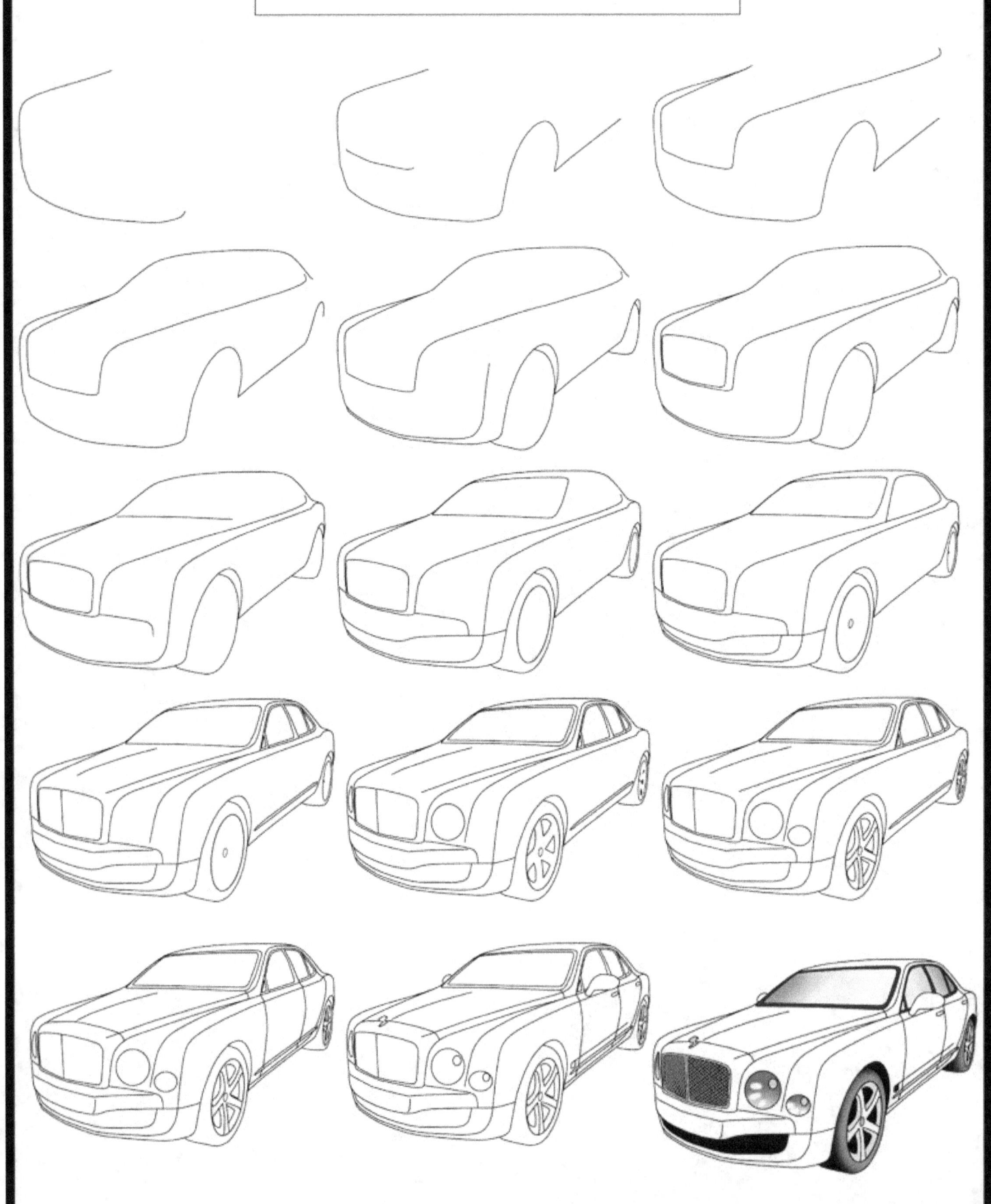

Your Turn Now!

Learn Step By Step

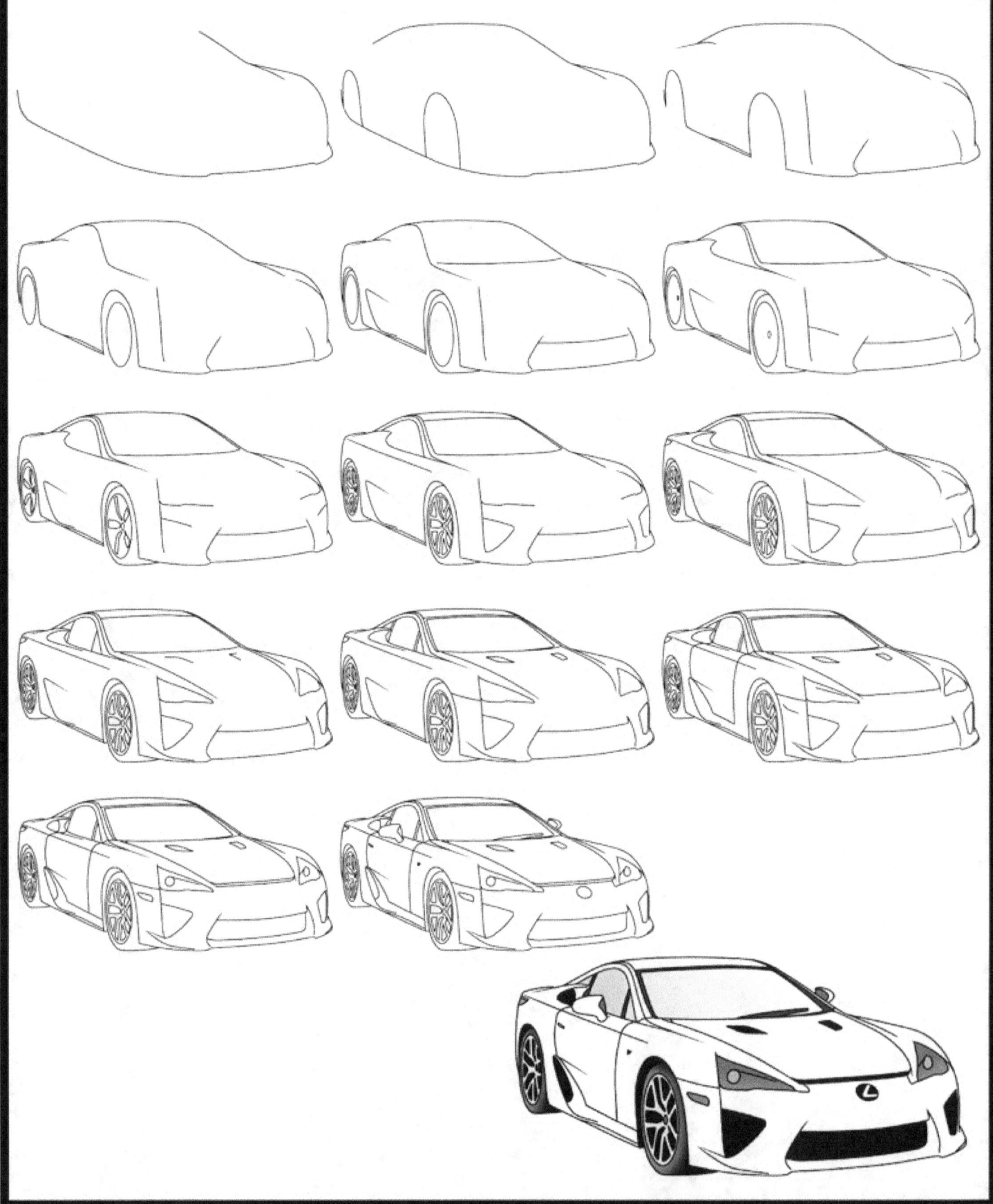

Your Turn Now!

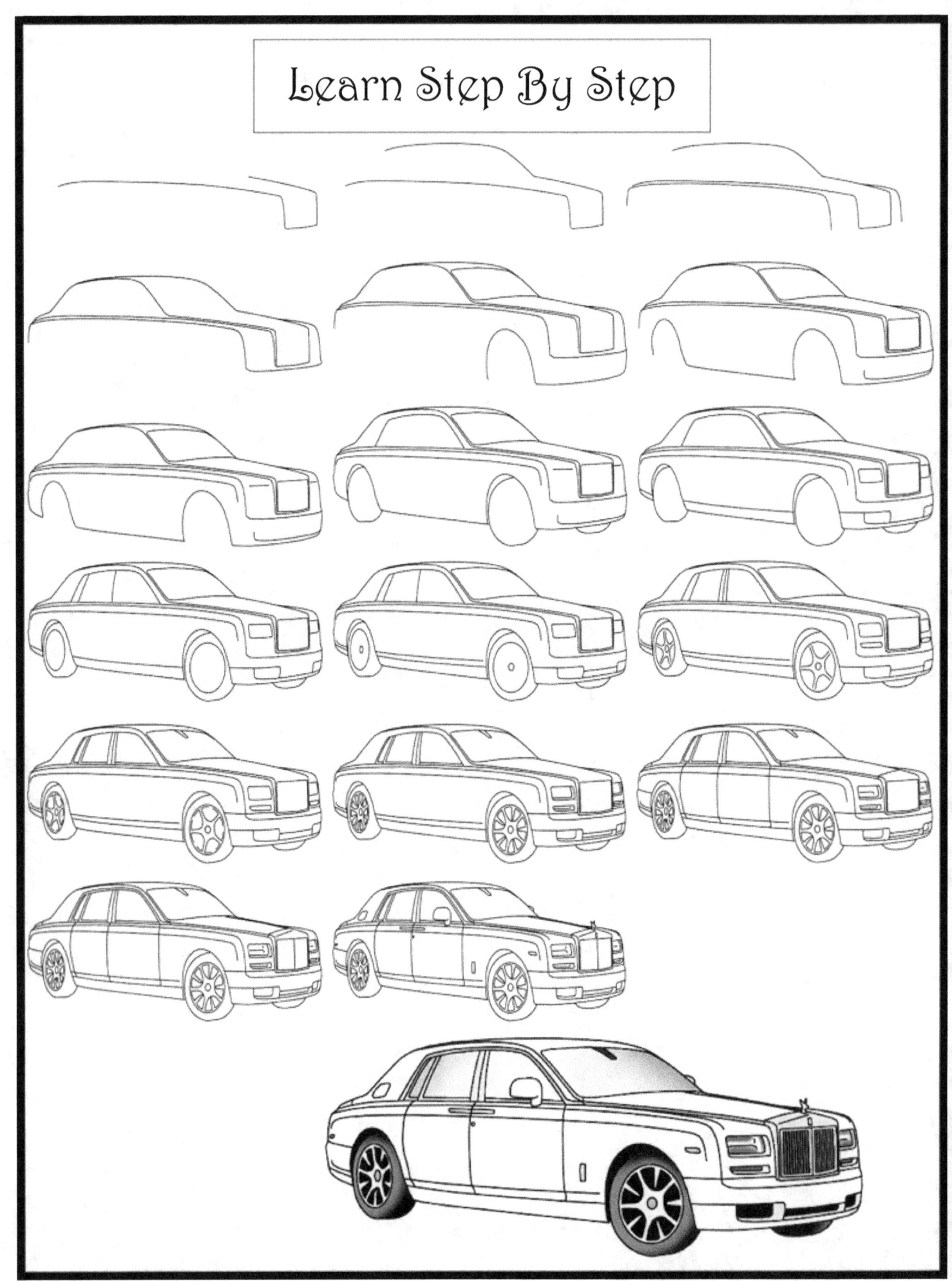

Your Turn Now!

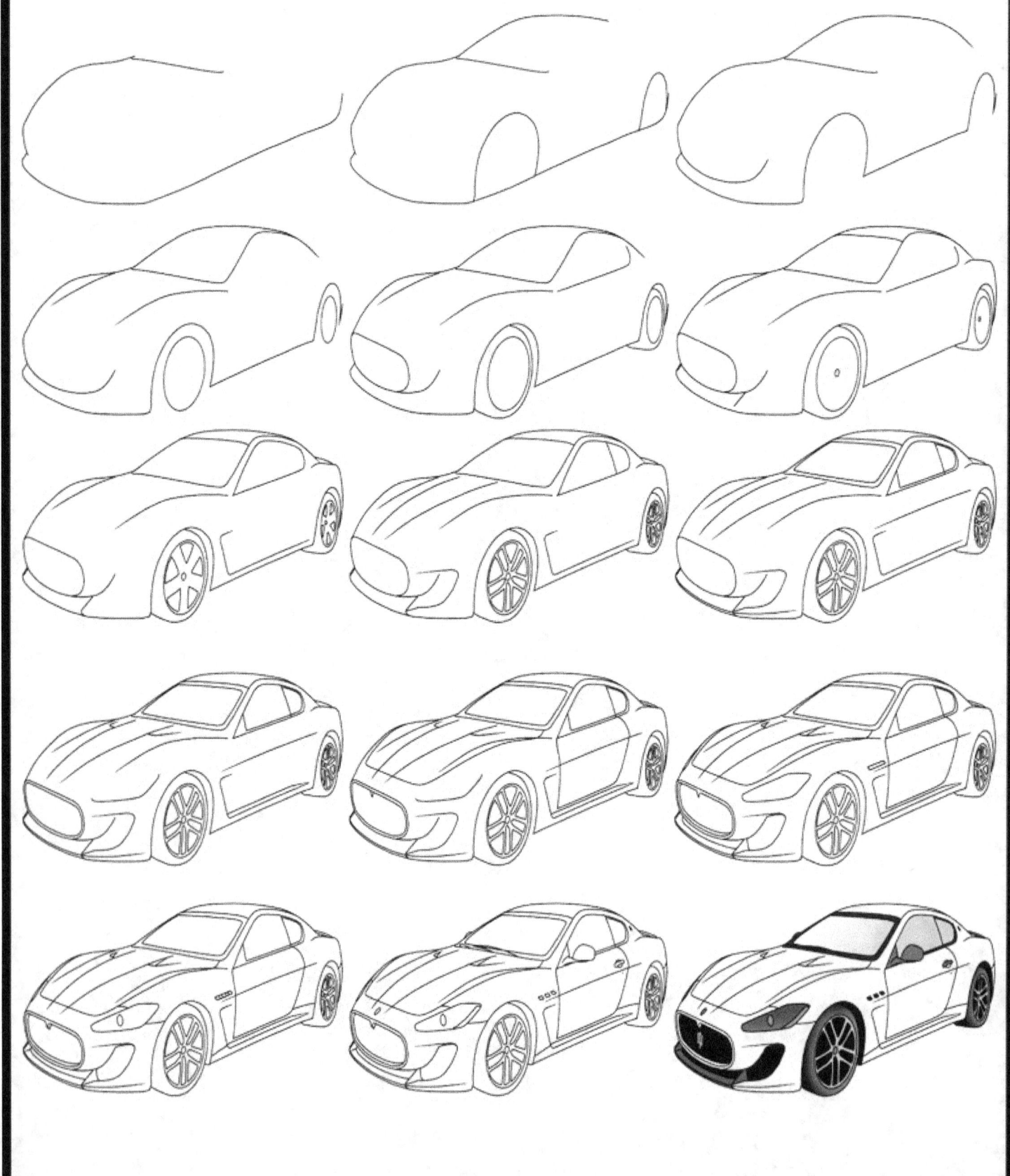

Your Turn Now!

Learn Step By Step

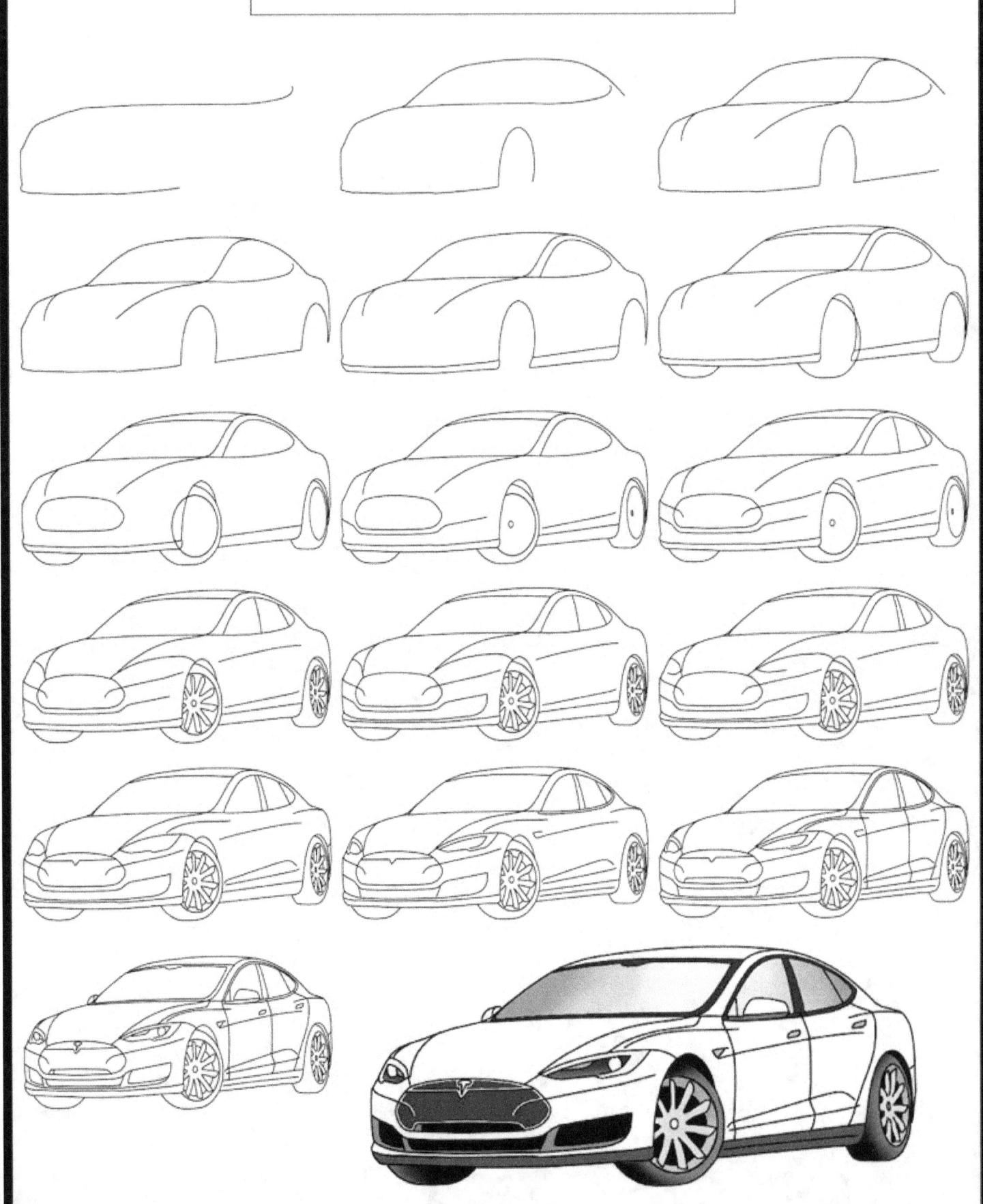

Your Turn Now!

Learn Step By Step

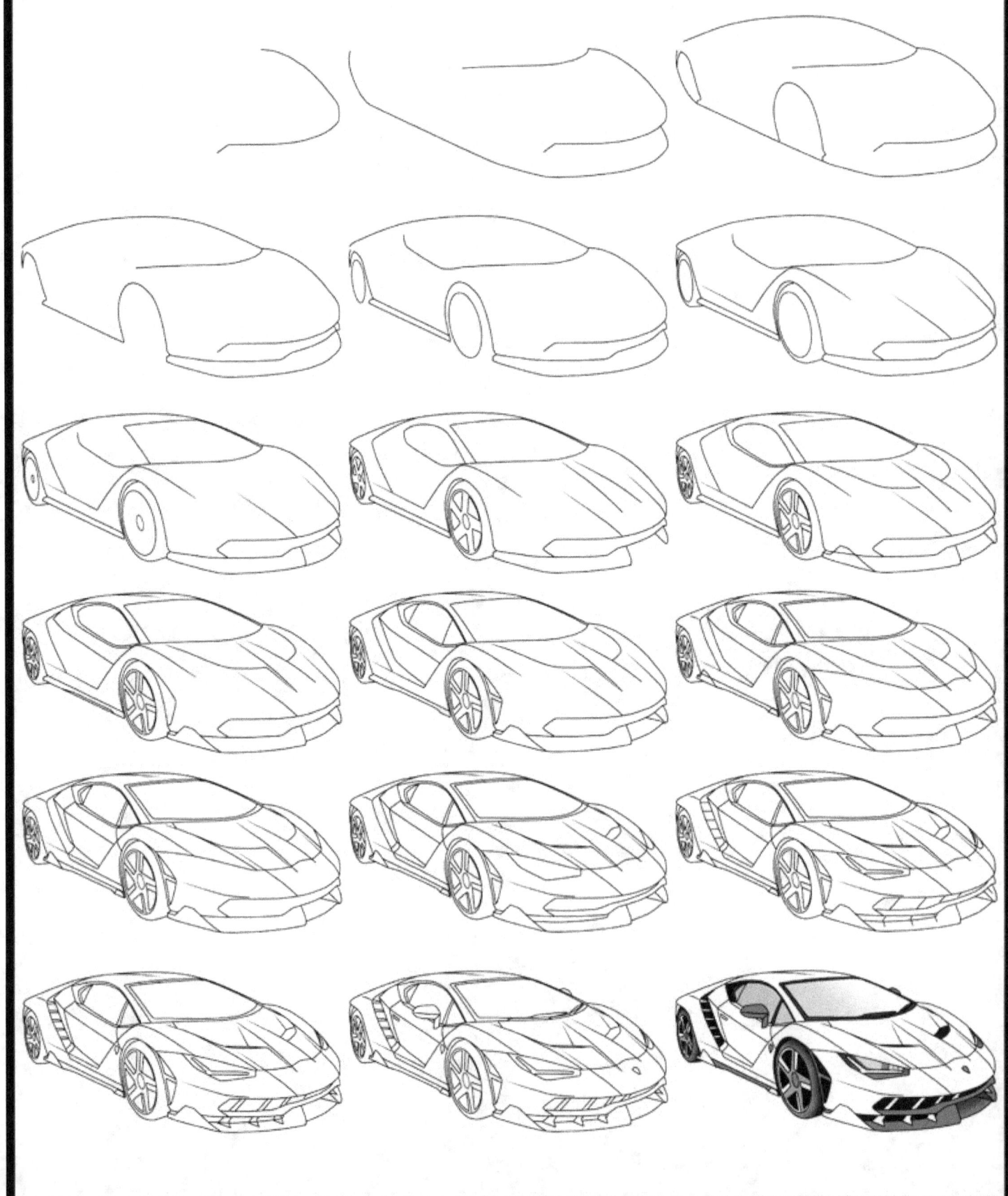

Your Turn Now!

Learn Step By Step

Your Turn Now!

Learn Step By Step

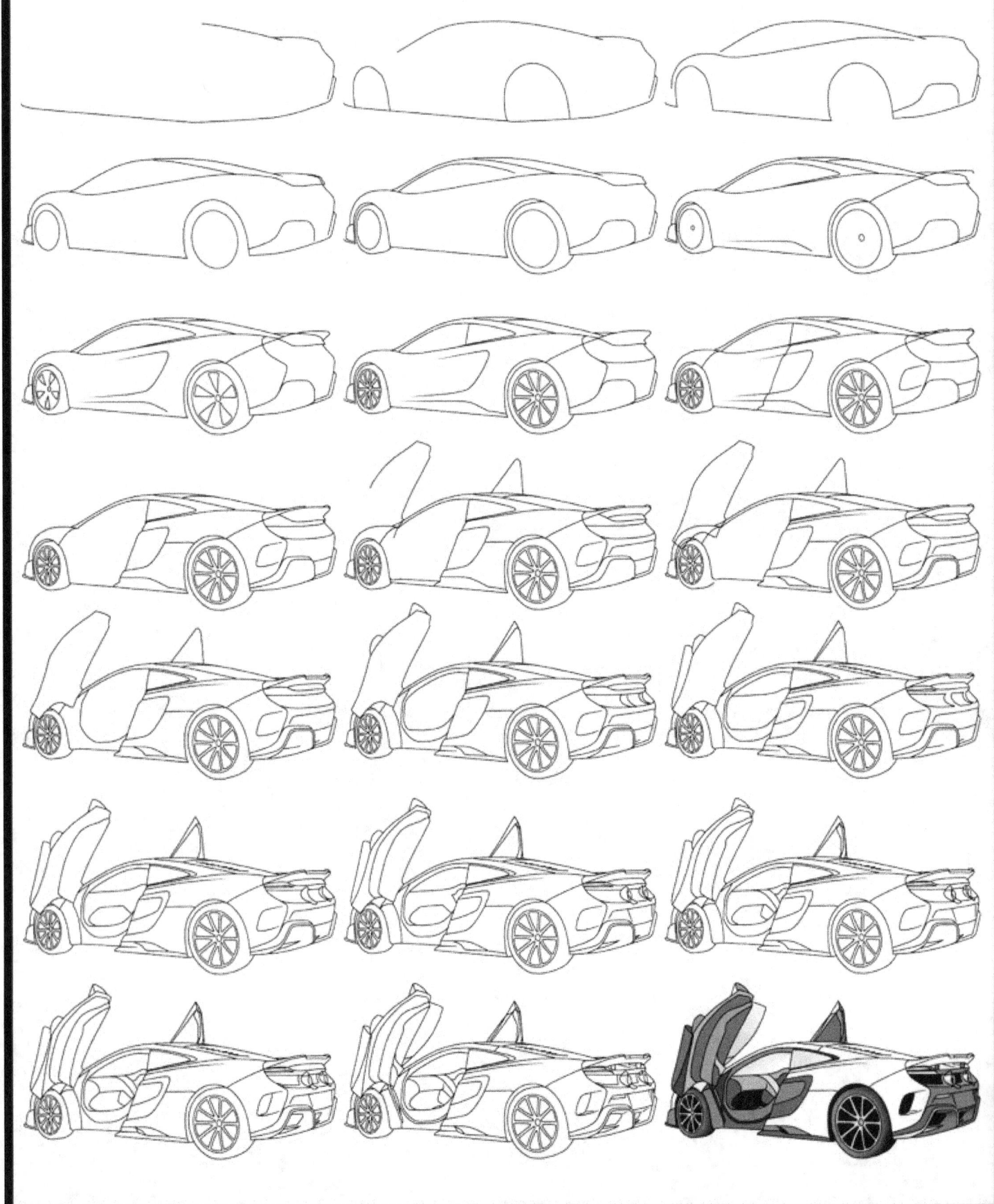

Your Turn Now!

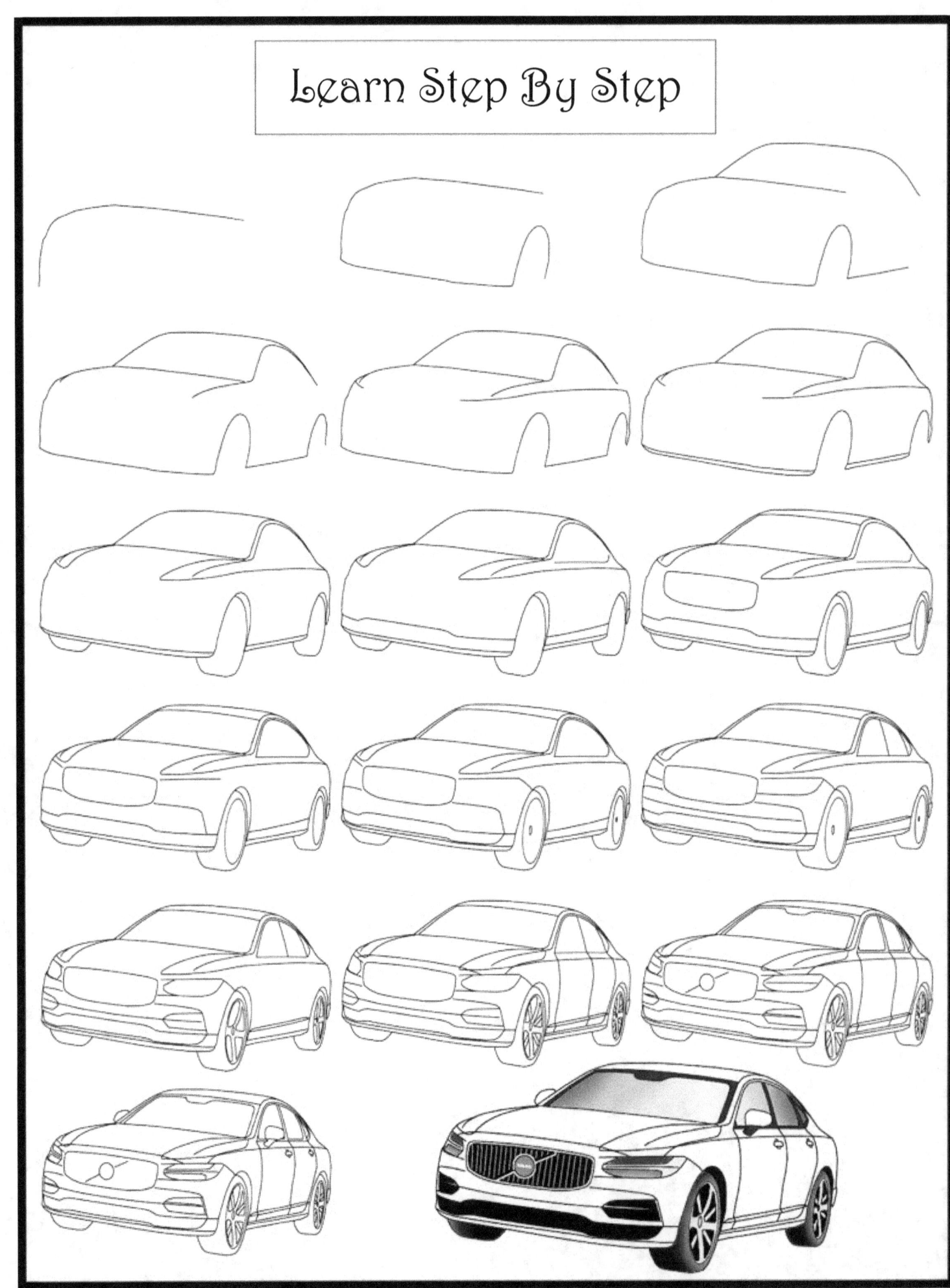

Your Turn Now!

Learn Step By Step

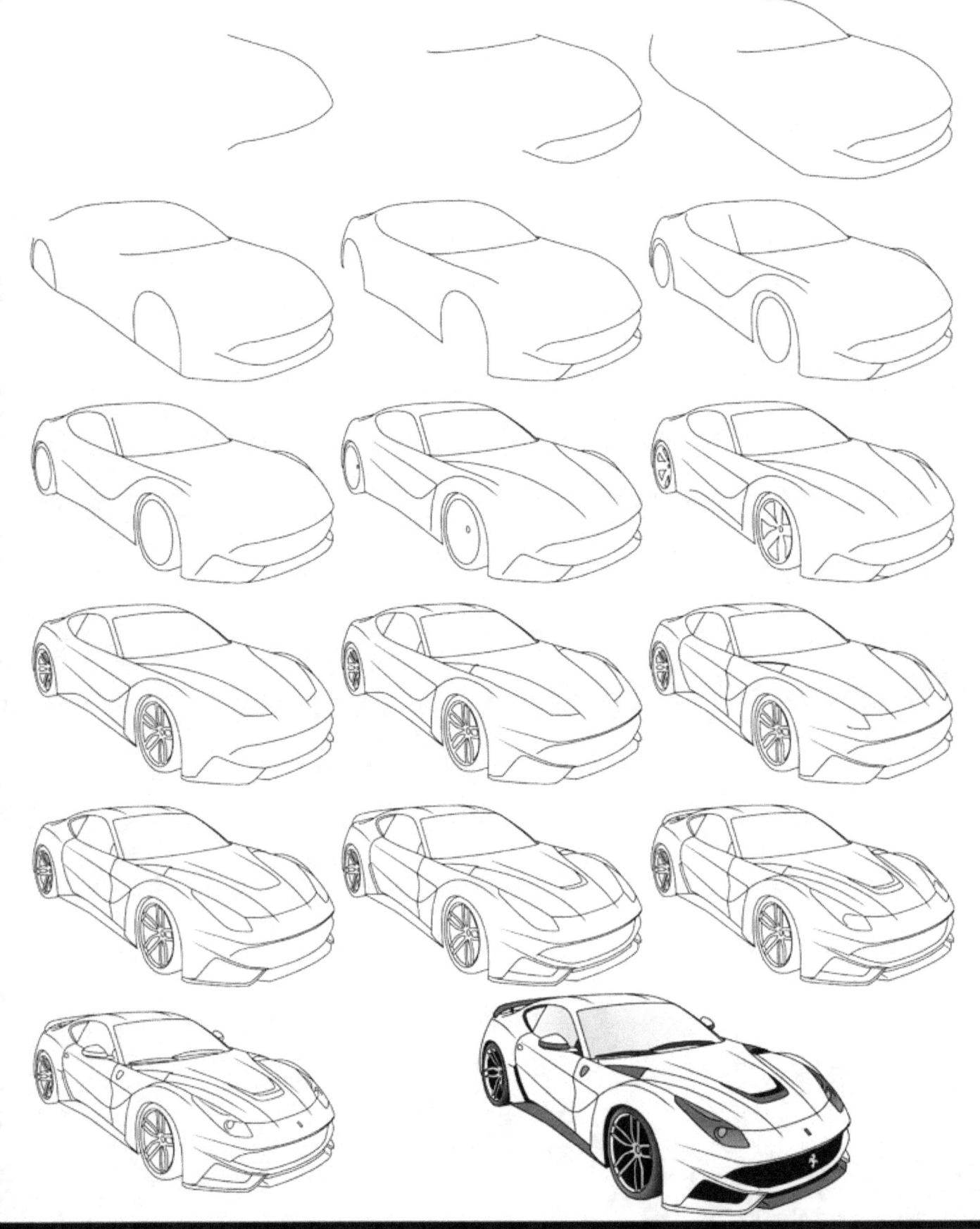

Your Turn Now!

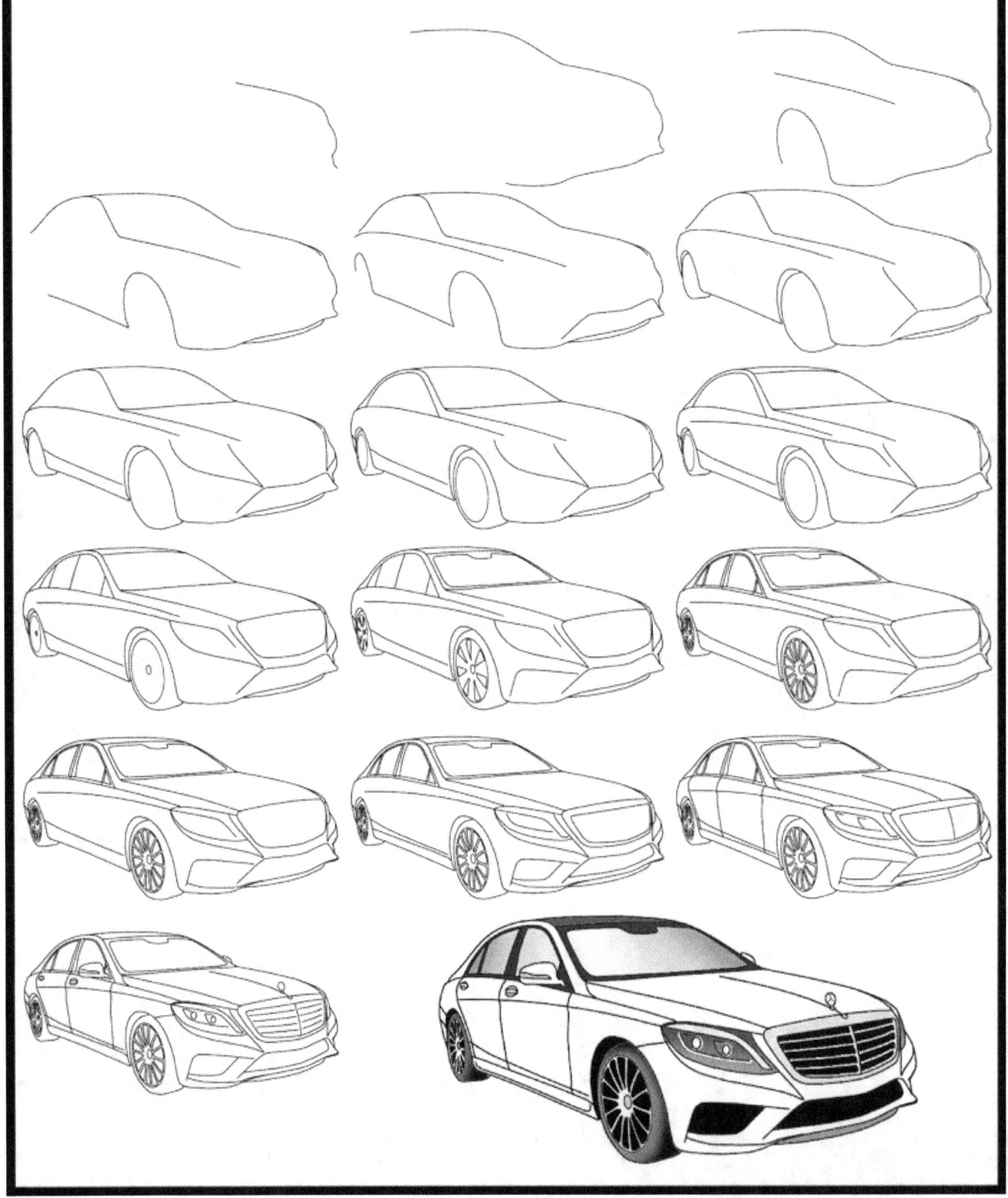

Your Turn Now!

Learn Step By Step

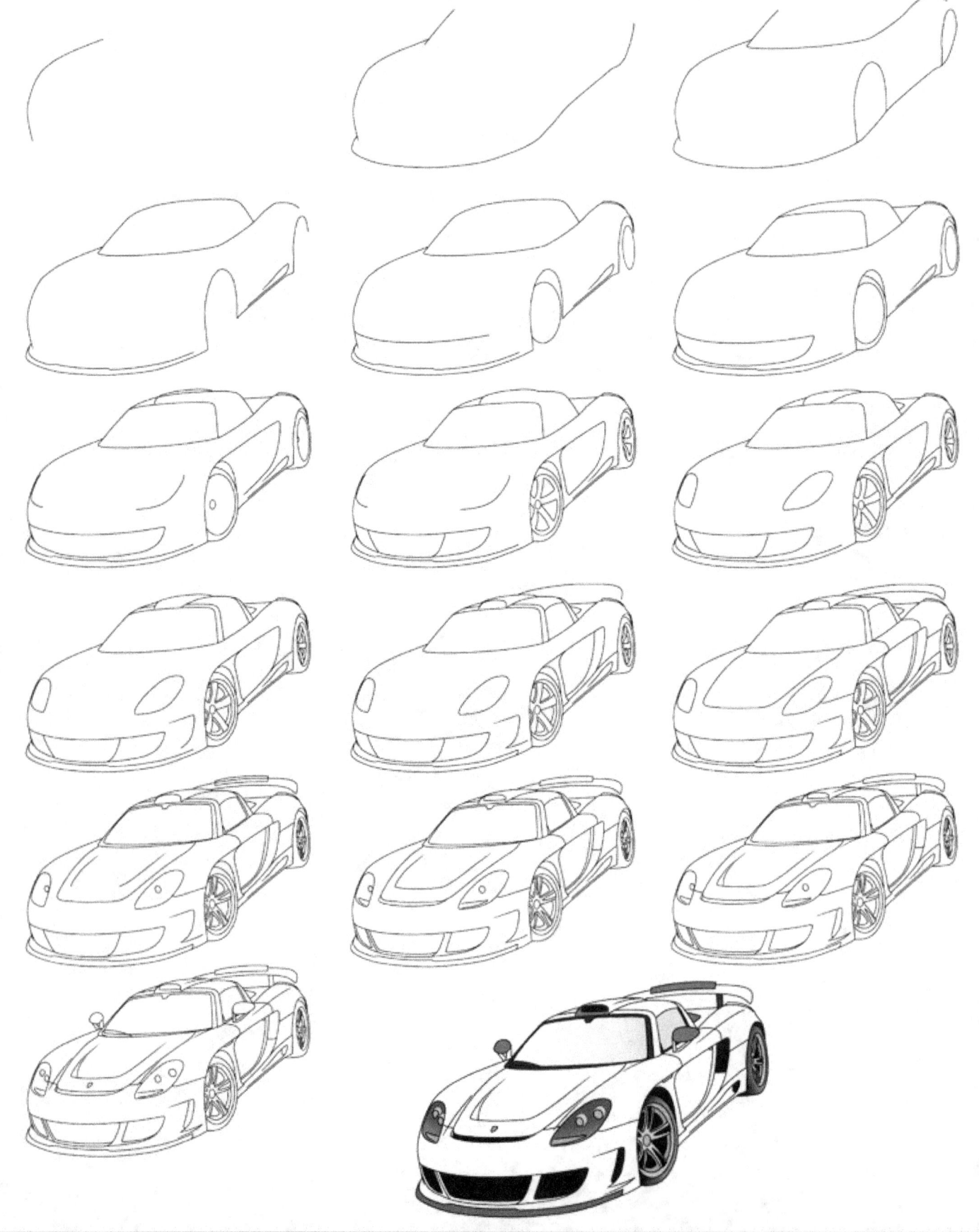

Your Turn Now!

Learn Step By Step

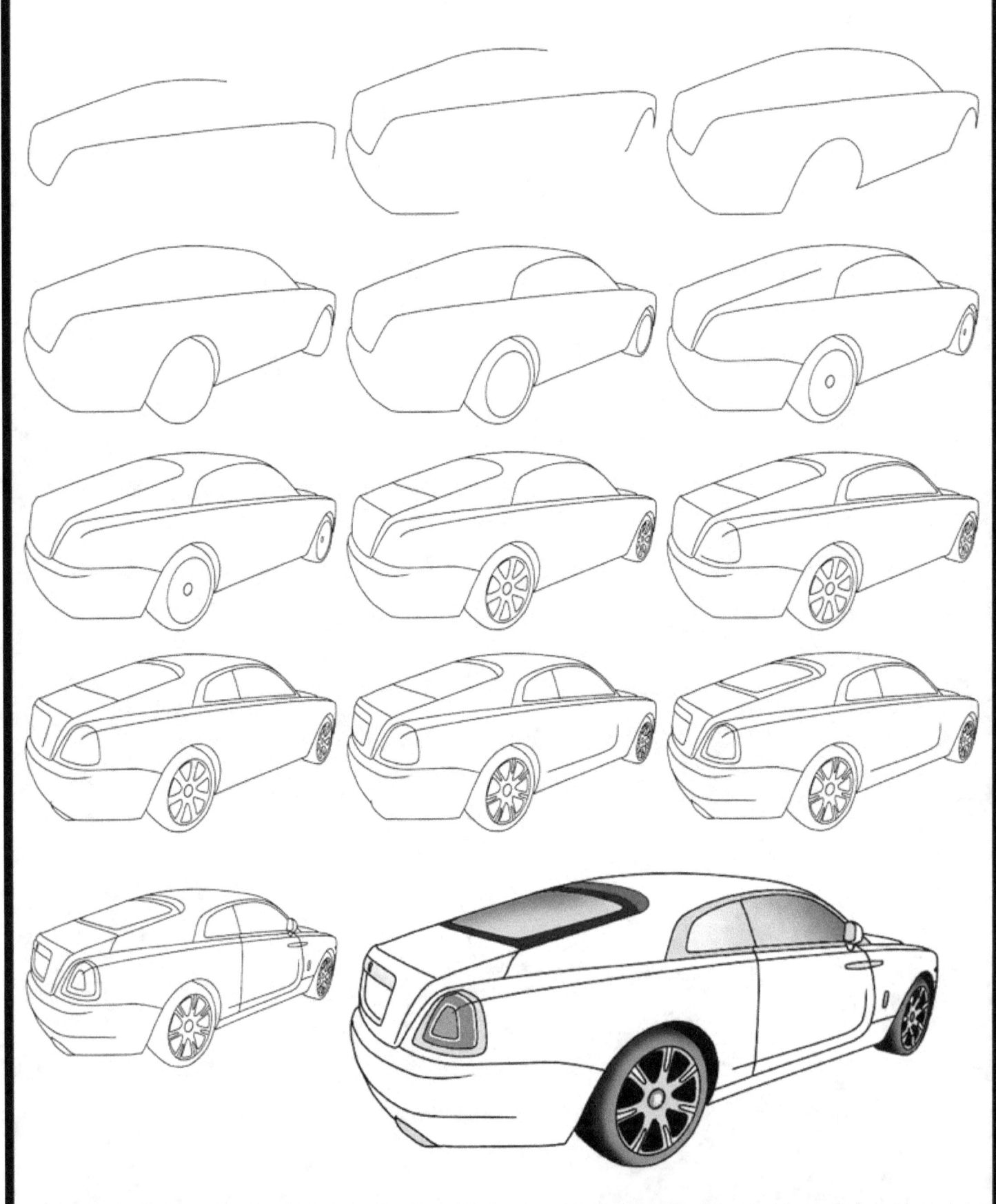

Your Turn Now!

Learn Step By Step

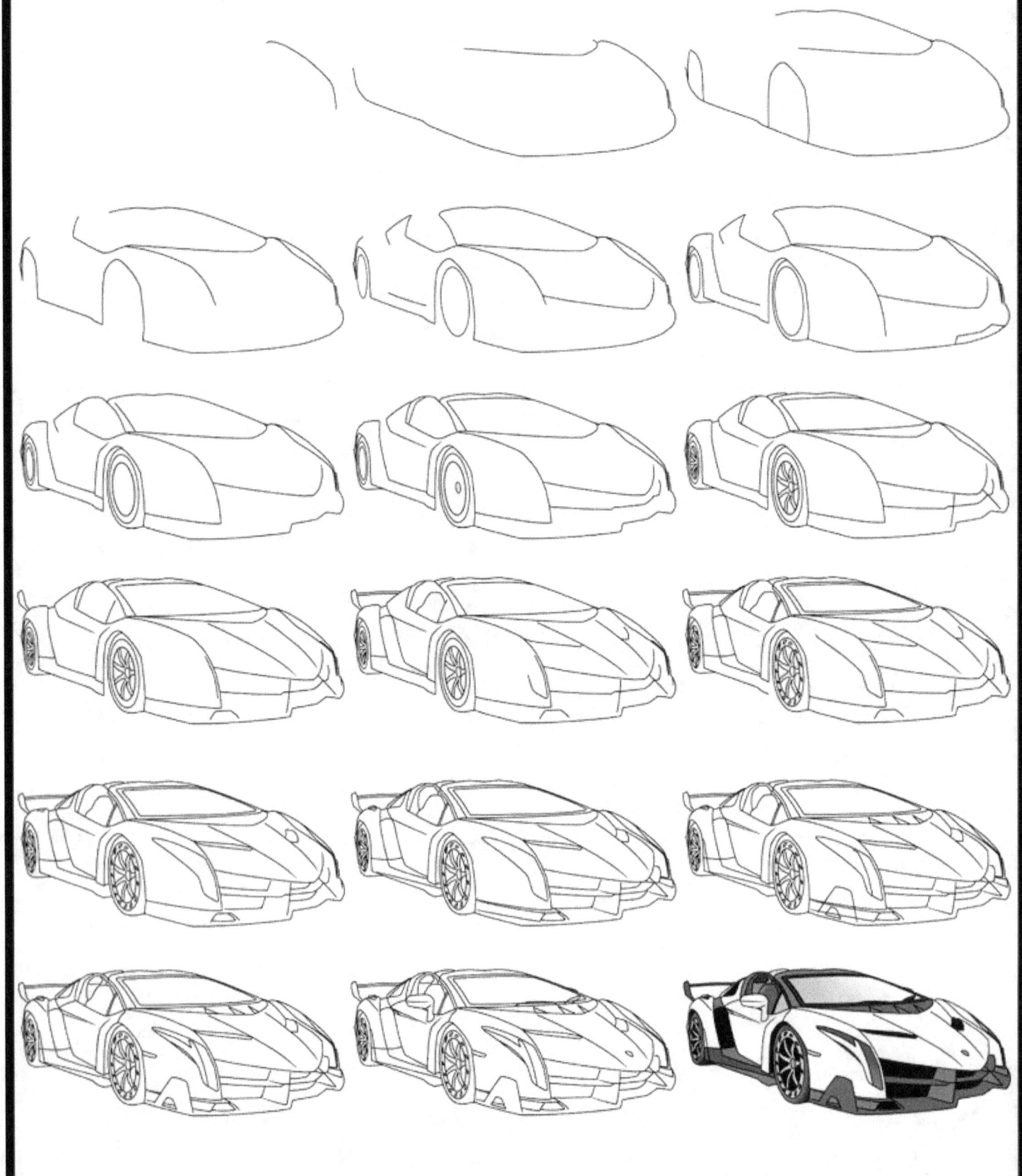

Your Turn Now!

Learn Step By Step

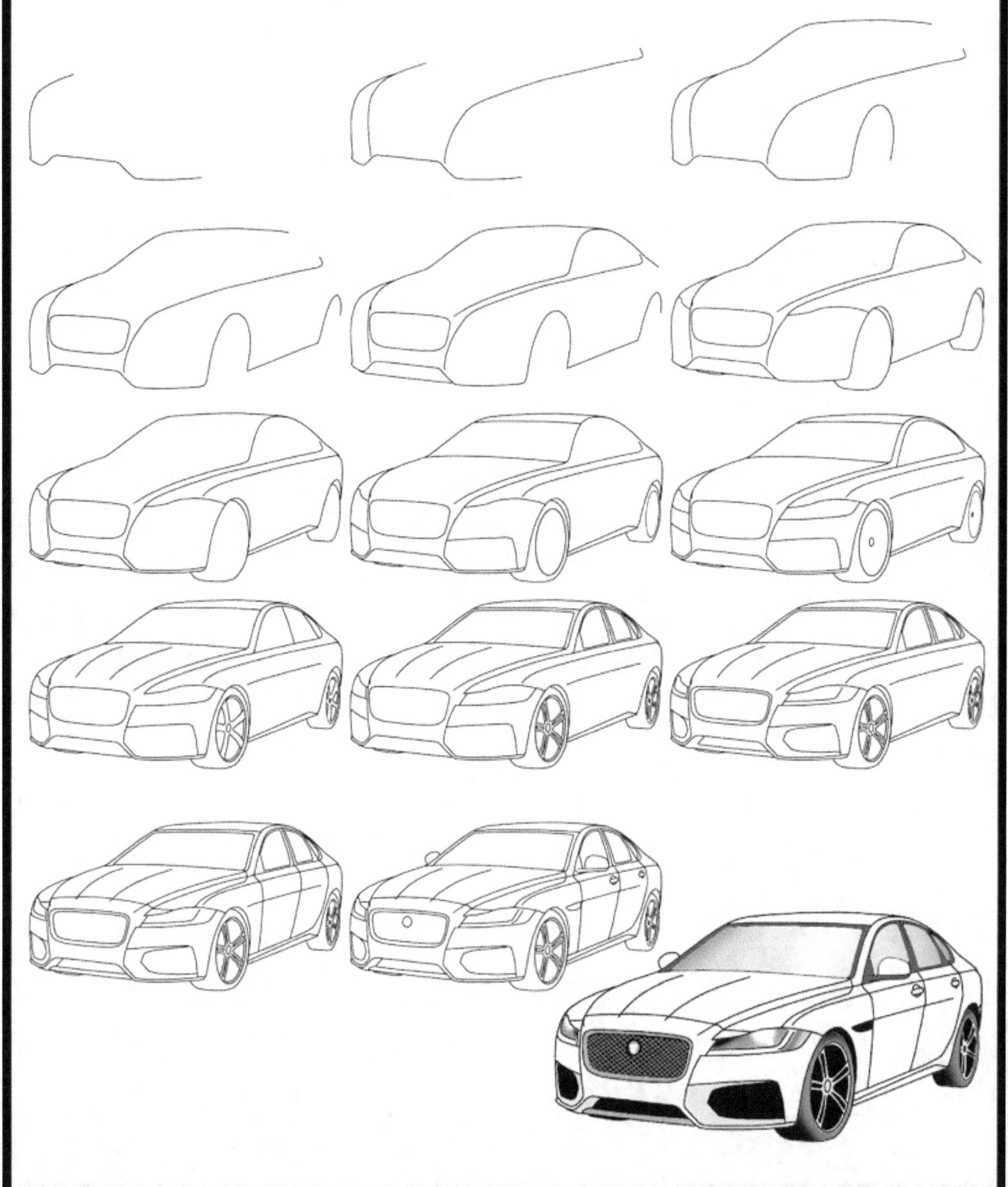

Your Turn Now!

Learn Step By Step

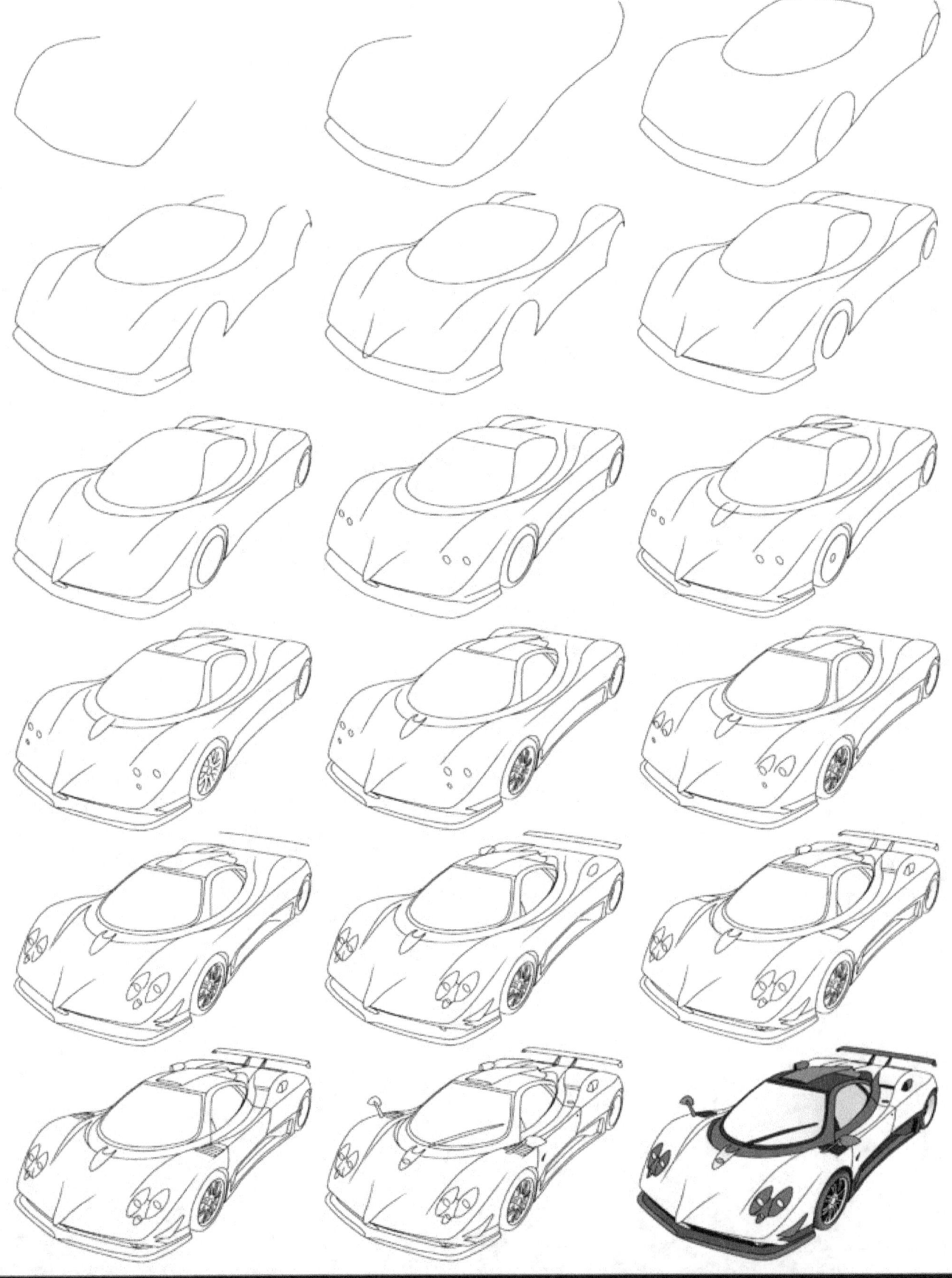

Your Turn Now!

Learn Step By Step

Your Turn Now!

Learn Step By Step

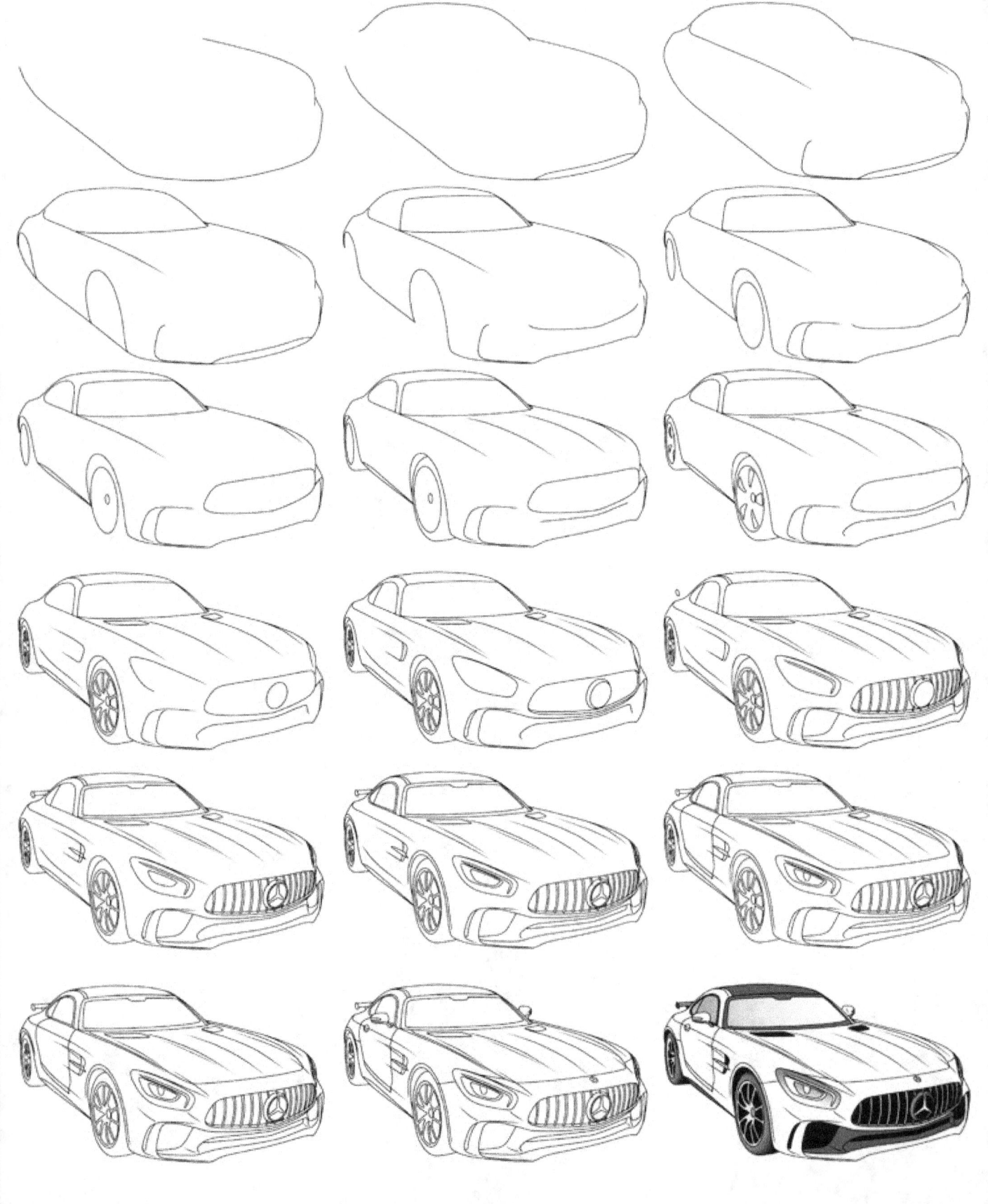

Your Turn Now!

Learn Step By Step

Your Turn Now!

Learn Step By Step

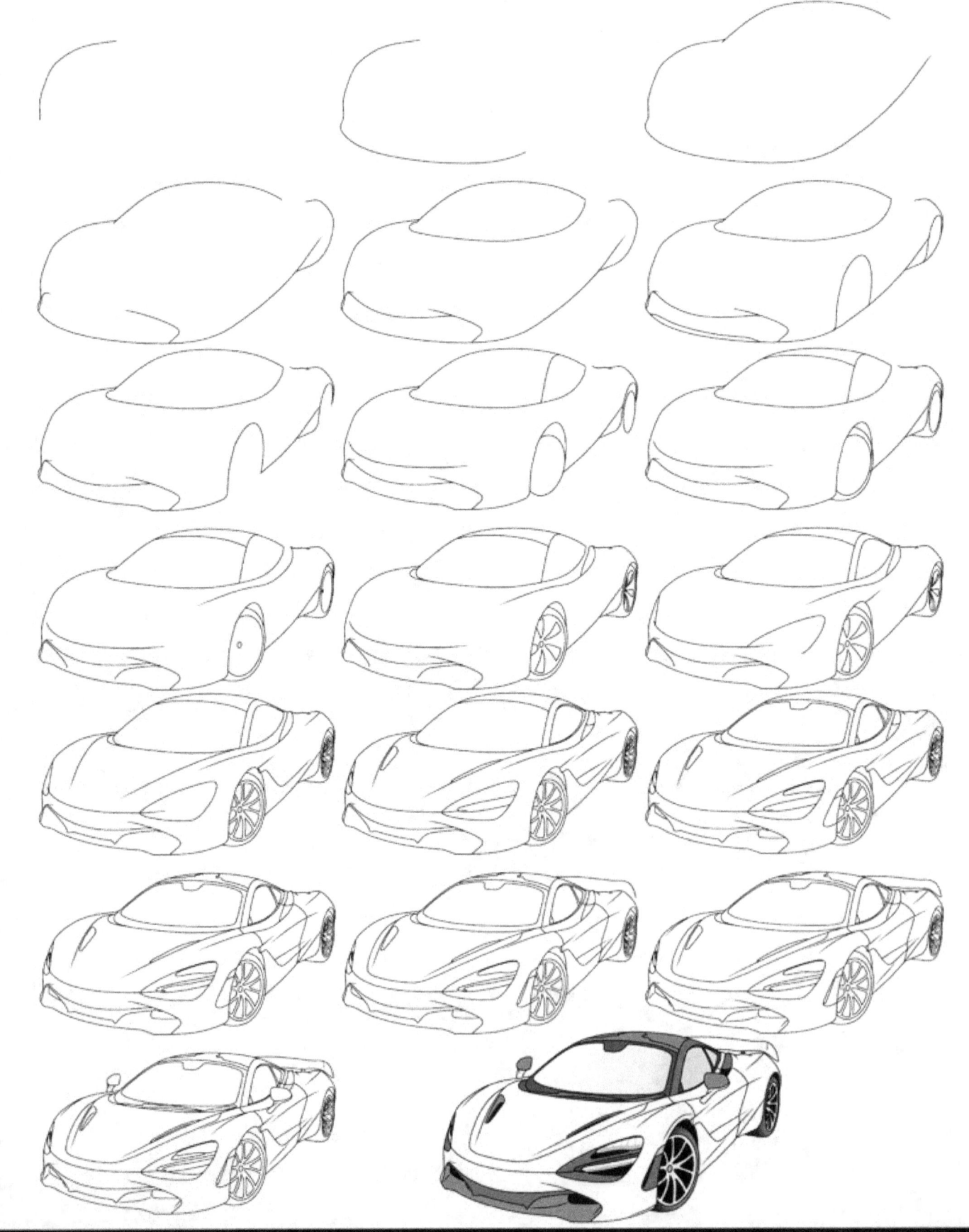

Your Turn Now!

Learn Step By Step

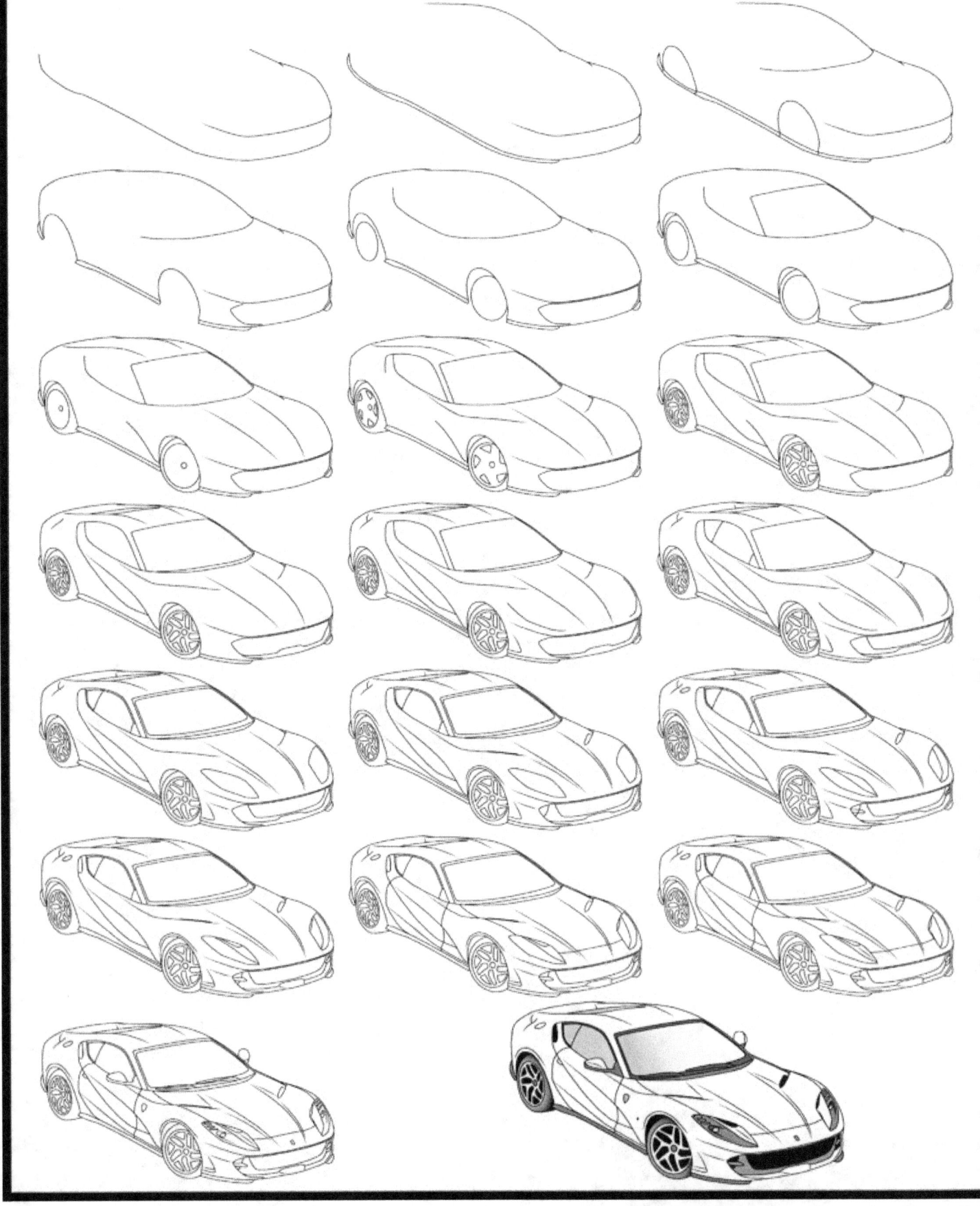

Your Turn Now!

Learn Step By Step

Your Turn Now!

Learn Step By Step

Your Turn Now!

Learn Step By Step

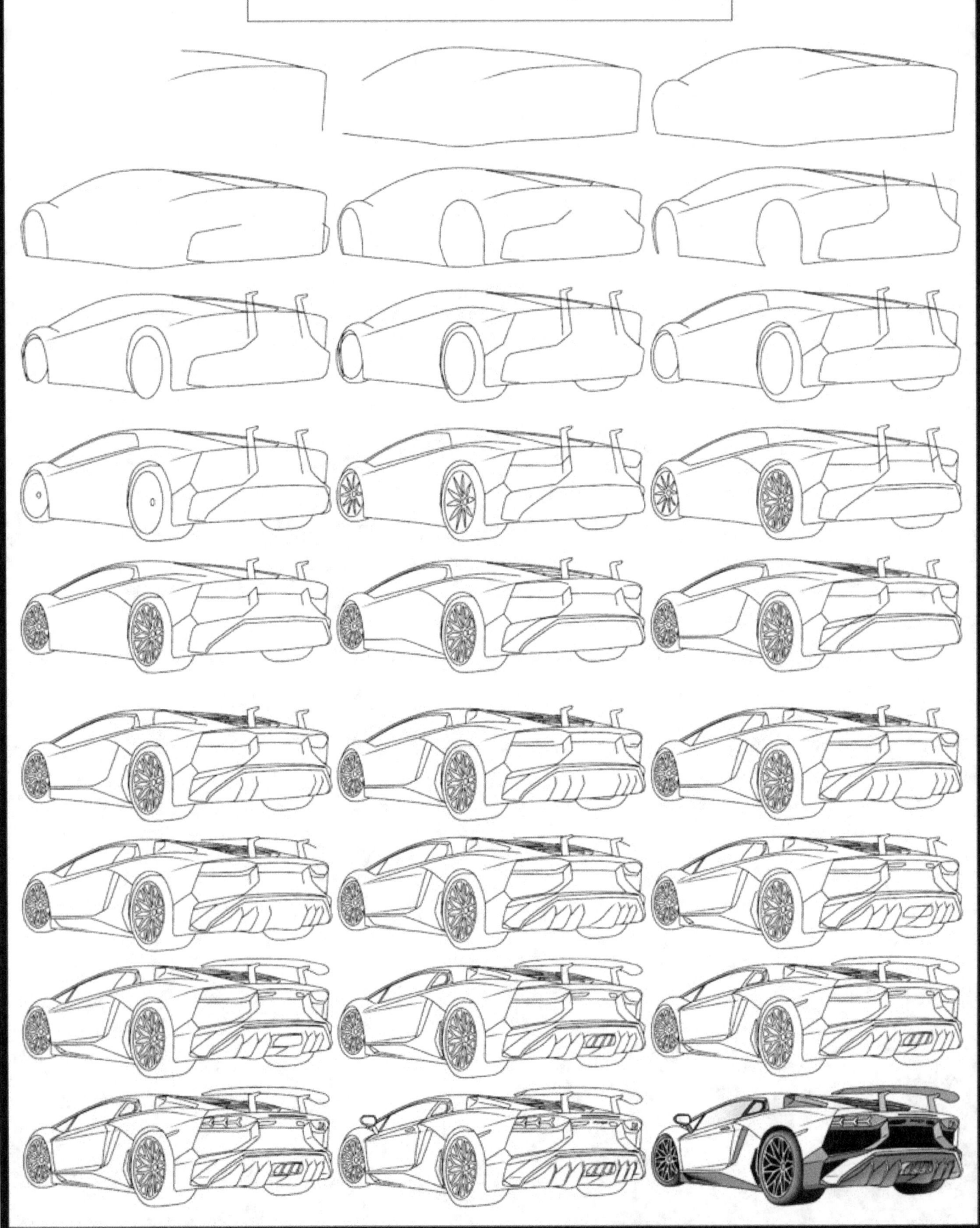

Your Turn Now!

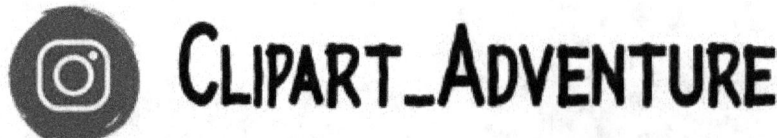

www.ingramcontent.com/pod-product-compliance
Lightning Source LLC
Chambersburg PA
CBHW081449220526
45466CB00008B/2563